정부의 초일류화
이젠 꿈이 아니다

정부의 초일류화
이젠 꿈이 아니다

정부혁신 최우수 기관 관세청의 초일류세관 이야기

The government for the Best

It's not a dream-anymore

김 용 덕 지음

매일경제신문사

책을 내면서

이 책은 지난 2년 동안 '초일류세관'을 목표로 4,200여 관세청 직원들이 열심히 노력해온 과정과 그 성과를 기록한 책입니다.

언제부터인가 우리 사회에서는 정부가 기업이나 다른 분야보다 경쟁력이 떨어진다는 비판을 받고 있습니다. 국가경쟁력을 올리기 위해서는 정부가 바뀌어야 한다는 말도 많이 들립니다.

우리는 해 냈습니다. 일하는 방식을 획기적으로 바꾸었습니다. 세관직원들의 서비스 질과 생산성을 높였습니다. 선진 물류강국의 세관서비스를 따라 잡겠다는 강한 의지로 한 편의 성공 드라마를 만들어 냈습니다. 모든 화물과 여행객이 통과하는 나라의 관문을 새롭게 변화시켰습니다. 정부의 경쟁력을 한 단계 도약시킨 것입니다.

물류와 관련된 여러 기관들과 파트너십을 이루어 항만의 물류적체를 해소하고 화물처리시간을 거의 반으로 줄였습니다. 공항의 여행객 통관시간도 40분에서 25분으로 단축하는 등 많은 성과를 거두었습니다. 그 외에도 '월별 세금납부제', '납세자 자율세무심사제', '인터넷 통관 시스템' 등 선진제도와 시스템을 도입했습니다. 일의 효율성과 전문성을 높이기 위해 업무의 단순·표준화(Slim), 직원의 전문화(Specialization), 대고객 서비스지향(Service-oriented)이라는 '3S 운동'도 추진하여 대고객 만족도를 크게 높였습니다.

이와 같은 성과를 바탕으로 2004년도 처음 시행된 49개 중앙행정 부처의 혁신평가에서 우리 관세청이 '최우수혁신기관'으로 선정되는 영예를 안았습니다. 또 국제항공운송협회(IATA)에서 실시하는 인천공항의 세관서비스 만족도는 2003년 세계 17위에서 2004년 하반기에는 3위로 뛰어올랐습니다. 이는 우리 직원들이 지난 2년 동안 흘린 땀에 대한 정당한 평가이고 보상이라고 생각합니다. 우리 세관의 경쟁력을 네덜란드, 싱가포르, 홍콩 등 세계적인 물류중심지 세관과 비교하여 손색없는 수준으로 끌어올리기 위해 헌신한 대가라고 할 수 있습니다.

우리는 '이 세상에 변하지 않는 것은 없으며, 생각이 바뀌면 길이 보인다'는 믿음을 갖고 '초일류세관 만들기'에 주저 없이 뛰어들었습니다. 처음에는 두려움도 있었고 성공에 대한 자신감도 없었습니다. 내부의 호응도 낮았고 외부의 협조도 순조롭지만은 않았습니다. 그러나 인내심을 갖고 설득력 있게 당위성을 설명하고 공감대를 넓혀나갔습니다. 많은 고객 및 관련기관들과 대화와 타협을 통해서 어려운 문제들을 하나하나 풀어나갔습니다. 때로는 양보도 하고 우리의 계획을 부분적으로 수정하기도 하였습니다. 이렇게 하면서 작은 성공을 쌓아나갔습니다. 시간이 지나면서 가시적 성과가 나타나기 시작했습니다. 그리고 많은 사람들에게 차츰 할 수 있다는 확신을 심어주게 됐습니다. 이제는 4,200여 직원들이 본청과 일선세관 구분 없이 자발적으로 초일류세관 만들기에 동참하고 있습니다.

특히 부산세관의 '부산항 서비스헌장' 마련 노력은 감명스럽기까지 합니다. 세관이 앞장서 24개 부산항 관련 단체와 기관을 하나로 묶어 내어 물류신속화를 위한 헌장과 실천방안을 마련한 것입니다. 처음에는 '세관의 본분을 떠나 너무 앞서 나가는 것 아니냐'는 비난도 있었지만 결국에는 모든 유관기관의 힘을 합치는데 성공, 서비스를 혁신하는 쾌거를 만들어 냈습니다. 2005년 새해 들어서는 1월 11일 인천세관을 중심으로 '인천항 물류개선을 위한 민관 합동선언'이 이루어졌습니다. 세관의 노력이 정부 유관기관은 물론 민간단체까지 서비스 혁신을 향한 불을 붙인 것입니다.

이러한 일을 추진함에 있어서 무엇보다도 중요한 것은 조직원들이 피로감을 느끼지 않고 스스로 하도록 여건을 조성하는 것입니다. 얼마 전 모 일간지에 여자 프로골퍼인 박지은 씨가 연재한 '골프야, 놀자'라는 글이 생각납니다. 또 요즘 학생들에게 지루하고 어려운 수학원리를 쉽게 풀어 가르치는 '재미있는 수학공부' 등과 같은 책도 많이 나옵니다. 나 스스로도 이 일을 즐겁게 하려고 마음먹었고, 우리 직원들에게도 스트레스를 주지 않고 자발적으로 일을 할 수 있는 여건 조성에 신경을 썼습니다. 잘 하는 직원에게는 칭찬과 함께 승진, 포상 등 인센티브를 제공했습니다. 이것이 주요한 성공요인이 아니었나 싶습니다. 이 작은 책자가 성공적으로 추진되고 있는 관세행정 혁신의 바람을 더욱 확산시키고, 나아가 다른 정부기관의 혁신활동에도 조금이나마 도움이 되기를 기원합니다.

　마지막으로 그 동안 자료 정리에 애써 준 관세청의 이찬기 과장, 이호 씨, 이갑수 씨, 이석문 씨, 그리고 정재완 비서관과 그외 관계자 여러분에게 고마움을 표합니다. 아울러 어려운 여건 하에서도 출판을 해준 매경출판 김석규 대표께 감사드립니다.

2005. 2

대전정부청사에서

김 응 덕

CONTENTS

왜 정부가 초일류이어야 하나

초일류라는 단어는 보통 기업경영에서 흔히 쓰는 말이다. '초일류 기업' 또는 '초일류 경영'이라는 말은 우리가 흔히 듣는다. 하지만 '정부가 초일류다' 하면 다소 낯설고 어색하다. 그러나 우리 관세청 은 지난 2년 간 '초일류세관'이라는 캐치프레이즈를 내걸고 혁신운 동을 추진해 왔다. 관세청이 초일류세관이라는 야심찬 목표를 내건 것은 외환 위기의 극복 과정에서 얻은 교훈과 깊은 관련이 있다.

IMF 외환위기 이후 약 5년여를 재정경제부에서 대외부문 실무책 임자로서 외환위기 극복을 위하여 동분서주하면서 나는 많은 것을 보고 느끼고 생각했다. 11차례에 걸친 IMF와의 협상, 매년 무디스 (Moodys), 에스앤피(S&P), 피치사(Fitch) 등 세계적인 신용평가회사 와의 국가신용등급 회복을 위한 연례협의, 미국 월(Wall)가와 주요 국제금융중심지의 대한(對韓) 투자가를 상대로 한 한국경제설명회, 그리고 IMF, G20, APEC, ASEAN+3(한 · 중 · 일), ASEM재무장차 관회의에 매년 한 두 차례 수석대표 또는 차석대표로 참석하면서 늘 가슴이 아팠다. 세계경제 및 국제금융의 현안을 다루고, 우리나라가 IMF관리체제로부터 벗어나기 위한 노력을 하면서 우리나라가 어떻게 국가부도위기를 맞고 IMF관리체제에 들어갈 수밖에 없었는지 정말 여러 가지 생각을 했다.

갖가지 이유가 있겠지만 시대의 흐름에 맞춰 변화하지 못했던 정부에도 큰 원인이 있다고 느꼈다. 우리나라는 1960년대에서 1980년대에 걸친 고도 성장기를 지나 1990년대 시장을 개방하면서 개방된 경제체제 및 시장구조에 걸맞은 정부와 금융감독 당국의 역량을 제대로 키우지 못했던 것이다. 자금시장, 주식시장, 외환시장을 개방하여 우리나라 시장이 국제금융시장과 통합되면서 문제가 발생했다. 우리의 국내시장은 더 이상 우리 혼자만의 독자적인 정책과 전략으로는 급변하는 대내외 환경변화에 적절히 대응할 수 없는 상태가 된 것이다.

그러나 정부는 비대해진 우리경제와 개방된 시장을 제대로 모니터링하고 관리할 만한 전문인력을 육성하기는 커녕 잦은 순환보직인사와 폐쇄적인 인력채용방식으로 전문가를 양성하는 데 실패했다. 우수한 인재를 뽑아놓고도 이들을 제대로 훈련시켜 전문가를 만들지 못함으로써 개방된 경제체제 아래에서의 시장위험을 체계적으로 모니터링하고 선제적(先制的)으로 대응할 수 있는 태세를 갖추지 못한 것이다.

이러한 인식 아래 우리나라가 선진국 대열에 진입하기 위해서는 무엇보다도 정부의 역량을 획기적으로 제고하여 우리 정부의 총체적인 경쟁력이 세계 일류수준에 이르지 않으면 안 되겠다는 확신을 갖게 됐다. 내가 직원들과 함께 관세청에서 추진한 '초일류세관'은 관세행정 부문에서의 혁신을 통해 정부조직도 초일류가 될 수 있다는 가능성을 구체적으로 보여주고 있는 한 사례라 할 수 있다.

경제국경의 파수꾼 - 세관의 초일류화

2003년 3월 3일 참여정부의 첫 번째 차관급 인사에서 나는 관세청장으로 발령받았다. 관세청은 재정경제부의 외청인 관계로 오랜 기간 재정경제부에 근무한 나로서는 아주 생소한 기관은 아니었다. 그러나 관세청과 세관의 업무에 대하여 구체적인 내용은 잘 모르고 있었다. 그저 '세관' 하면 일반인들과 같이 해외여행에서 돌아올 때 짐 검사를 하여 물품을 압수하거나 세금을 매기고, 밀수와 마약사범을 단속하는 기관 정도로 알았다.

지금까지의 공직생활을 계속 참모로서 지내다가 처음 기관장으로서 한 기관의 책임을 맡게 되었으므로 과거 다른 보직에서와는 판이한 역할과 책임이 요구되리라는 생각도 했다. 청장으로 재직하는 동안 관세행정을 위해 과연 나는 무슨 기여를 할 수 있을까? 또 이를 통해서 우리 정부와 국가 전체 경쟁력에는 어떤 도움이 되는 일을 할 수 있을까? 여러 가지 생각을 했다. 그러나 청장으로 부임하여 짧은 기간동안 업무를 파악하고 일선세관에 직접 나가서 현장을 점검하면서 우리 관세청이 해야 할 일이 무엇인지 차츰 윤곽을 잡아가게 됐다.

세관업무는 큰 줄기로 보면 두 가지로 나눌 수 있다. 우선은 화물과 여행객이 통과하는 국경선에서 이들이 신속하고 원활하게 통관하도록 도와주는 일이 있다. 다음으로는 밀수, 마약, 테러물품, 가짜상품, 오염물질 등의 국내반입을 차단함으로써 국민경제와 사회안전, 환경보호 임무를 동시에 수행하고 있다. 경제국경의 파수꾼 역할이다. 이밖에 수입물품에 대하여는 관세와 부가가치세 등을 징수하여 국가재정의 일익도 담당하고 있다. 외환자유화 이후에는 재산도피, 자금세탁 등 불법외환거래도 단속하고 있다. 즉 세관은 신속하고 정확한 통관을 통하여 국제무역의 원활화를 도모하는 한편, 국제무역을 통한 각종 위해요인을 제거하는 두 가지 상반된 목표를 추구하고 있는 것이다. 따라서 이와 같은 상반된 두 가지 목표를 어떻게 조화롭게 잘 수행하느냐가 모든 세관의 공통된 과제였다.

한편 우리나라 경제 현실을 보면 중국의 등장으로 큰 변화가 몰아치고 있다. 1990년대 초 이후 중국이 낮은 임금과 우수하고 풍부한 노동력을 바탕으로 세계경제의 제조창으로 부상했기 때문이다. 중국의 급격한 발전은 우리나라 경공업분야 경쟁력을 약화시켜 많은 공장이 문을 닫거나 중국으로 이전할 수밖에 없게 했다. 이에 따라 실업자가 늘어나고 일자리가 줄어들어 신규 노동인력의 흡수가 매우 어려운 상황이 됐다. 이러한 여건 아래에서 이제는 새로운 일자리를 창출해 낼 수 있는 신 성장 동력산업의 발굴이 시급한 과제로 등장했다. 마침 참여정부는 '동북아경제(물류)중심국가 건설'을 주요정책 과제로 내걸었다. 즉 우리나라의 지리경제학적 이점(利點)을 활용하여 한반도를 동북아 물류거점으로 육성하여 외국의 많은 기업과 자본을 유치하고, 이를 통해 새로운 일자리와 부가가치를 창출하겠다는 의지이다.

이와 같은 전략은 제조업 위주로 경제발전을 해오고, 따라서 서비스산업의 발달이 상대적으로 뒤쳐진 우리나라와 같은 경우에는 매우 적절한 정책이라 아니할 수 없다. 나는 관세청의 업무파악과정에서 2002년 말 기준으로 이미 부산항이 해상 컨테이너화물 취급 세계 3대항구이며, 인천공항은 개항한지 불과 2년여 만에 항공화물취급 세계 4대 공항으로 발돋움했다는 사실을 알게 됐다. 더욱이 부산항과 인천공항 모두 취급화물의 30~40%가 제3국에서 우리나라를 거쳐 다른 나라로 가는 이른바 환적화물이며, 환적 컨테이너 화물 1개를 취급하면 환적하역료 등으로 약 200달러의 부가가치가 발생한다는 사실도 알게 됐다.

그렇다면 이와 같이 우리 공항만(空港灣)이 세계 유수의 물류중계지로 발전하고 있는 배경은 무엇인가? 무엇보다도 우리 공항만의 지정학적인 위치가 좋은 것이다. 한반도는 아시아에서 미주로 가는 주간선항로 상의 최단거리에 위치해 있다. 그리고 이웃 중국의 급속한 발전으로 이 지역 수출입 물동량이 빠르게 증가하고 있는데 비해 중국의 공항만 인프라 확충이 미처 따라가지 못하고 있어 인근 경쟁력 있는 공항만으로 화물이 넘쳐나고 있다는 점이다. 아울러 우리나라는 해운, 항공산업이 비교적 잘 발달되어 있고 물류관련 산업의 서비스 수준도 상대적으로 우수하다는 점이다. 나는 우리나라가 동북아 물류중심국이 되기 위해서는 세관의 초일류화를 통해 이와같은 이점이 강한 경쟁력으로 기능할 수 있도록 뒷받침할 필요가 있다고 보았다.

머뭇거릴 때가 아니다

관세청은 일찍이 1990년대 초부터 수출입통관업무 전산화사업을 추진하여 세계 최초로 100% 전자통관시대를 열고 있었다. 통관시간도 수출은 5분, 수입은 1시간 30분으로써 유엔무역개발회의(UNCTAD)에서 권장하는 4시간 수준보다 훨씬 짧은 시간에 통관서비스를 제공하고 있었다.

그러나 이것으로 만족할 수는 없었다. 비록 세관에 수출입신고를 하고 이를 세관에서 전산으로 수리하기까지의 시간은 짧아졌지만, 정작 배나 비행기가 항구나 공항에 도착하여 화물을 부리고 이 화물이 통관과정을 거쳐 최종적으로 부두나 공항을 빠져나가는 데 까지는 여러 가지 물류지체요인이 있고, 이로 인하여 많은 시간이 걸리고 있다는 사실을 알게 됐다. 그리고 세관이 검사대상화물이나 여행객을 선정하는 데에는 아직도 비과학적이고 자의적인 요인이 많다는 사실도 알게 됐다. 또 많은 직원들이 현상에 만족하고 별 문제의식을 느끼지 못하고 있는 점도 문제였다.

이러한 와중에서 2003년 봄 부산항을 중심으로 화물연대파업이 발생했다. 화물이 적체되고, 잇따라 태풍 '매미'의 상륙으로 부산항 대형 타워크레인이 무너지는 등 문제가 심각해졌다. 이렇게 되자 많은 국제적인 해운회사가 부산항을 떠나 인근지역으로 옮겨가는 등 물류중심지로서의 부산항 위상이 심각한 도전을 받게 됐다. 한편 중국은 상하이 부근에 세계 최대규모로 컨테이너 항구인 양산항을 건설 중이고 그 외에도 광동성에 대규모 국제공항 개항을 준비하는 등 이들 지역을 세계적인 물류허브로 육성하기 위한 야심 찬 프로젝트를 추진시키고 있었다. 이런 가운데 2003년 말 부산항의 위치는 세계 3대 컨테이너 처리 항구에서 중국 상하이와 선전에 각각 3, 4위를 물려주고 세계 5위로 물러나게 됐다.

이를 보면서 다급한 생각이 들었다. 자칫하면 물류 중심지는 커녕 물류 변방으로 전락할 위기에 처해 있었기 때문이다. 무엇보다 우리나라가 동북아 물류중심지가 되기 위해서는 모든 화물과 여행객이 국경을 통과하는 그 접점(接點)에 있는 우리 세관행정이 변하지 않으면 안 된다고 느꼈다. 빠른 시일 내에 세계적인 물류중심지 수준으로 획기적으로 세관행정을 개선시키고, 나아가 우리 세관을 둘러싼 관련부처와 기관의 업무도 대폭 개선할 필요가 있다고 생각하게 됐다. 화물처리에 소요되는 시간과 공항만의 물류관련 제반 서비스가 전체적으로 경쟁대상국 공항만보다 더 우수해지지 않으면 우리나라가 결코 동북아 물류허브로 도약할 수 없기 때문이었다. 머뭇거리다가는 경쟁력을 완전히 상실하고 도태되어 버릴 것이라는 위기감까지 들었다.

나는 우리 세관행정을 세계적인 물류강국인 네덜란드, 싱가포르, 홍콩 수준으로 획기적으로 혁신해야겠다는 생각을 굳히고 이를 위한 구체적인 방법과 전략을 추진해 나갔다. '초일류세관추진' 이라는 비전을 제시하고 우선 물류강국의 선진제도와 절차를 벤치마킹 하도록 했다. 민·관·학으로 '초일류세관추진위원회' 를 구성하고 유관기관 및 업계와 공동으로 60대 이행과제를 선정하여 하나하나 실천에 옮겨나갔다. 초기 과제들이 순조롭게 진척되는 것을 보면서 추가 과제를 더 널리 발굴하여 2004년 5월에는 80대 과제로, 2004년 11월에는 90대 과제로 확대했다.

정부의 초일류, 꿈만이 아니다

초일류세관 추진이 본격화 되면서 그 성과도 곳곳에서 가시적으로 드러났다. 2003년도 정부업무에 대한 각종 평가결과 청와대(업무혁신), 국무총리실(정보화수준, 규제완화, 공직기강), 감사원(자체감사), 부패방지위원회(부패방지), 행정자치부(민원행정개선) 등으로부터 7개 분야에서 최우수 또는 우수기관으로 선정됐다. 또 지난해 12

월 24일 정부종합청사에서 대통령과 국무총리가 참석한 가운데 개최된 2004년도 정부업무평가에서 49개 중앙행정부처 중 '혁신분야 최우수기관'으로 선정되었다. 종합평가에서도 3개 우수기관에 선정되는 영예를 안게 됐다. 이와같은 업적은 1970년 관세청 개청 이래 처음이다.

이제 관세행정의 경쟁력은 초일류에 가까이 다가가고 있다. 2003년 봄 '초일류세관의 구현'이라는 기치를 내걸고 구체적 과제를 선정하여 추진하면서 많은 제도와 시스템이 개선되고 일하는 방식이 바뀌었으며, 직원들의 사고방식이 대 고객서비스 위주로 변했다. 혁신운동은 일선 세관으로 확산되어 계속 번져나가고 있다. 이와 같은 우리 관세청의 혁신운동은 멈추지 않고 계속될 것이다. 더 나아가 우리의 날개 짓이 다른 부처로도 더욱 큰 물결처럼 확산되어 나가기를 기대한다.

21세기에는 기업도 초일류가 되어야 살아남고, 행정기관도 초일류가 되어야 살아남는다. 그래야 우리 정부와 국가의 경쟁력도 선진국 수준으로 향상되어 국민소득 2만 달러, 3만 달러의 선진국시대를 열 수 있게 된다.

새로운 여정의 시작

칸쿤에서 새로운 길에 서다

기쁨보다 큰 해방감

2003년 3월 3일, 갓 출범한 참여정부가 처음 실시한 차관급 인사에서 관세청장으로 보임됐을 때 나는 멕시코의 칸쿤에 머물고 있었다. 재정경제부 국제업무정책관으로서 G20 재무차관 회의에 수석대표로 참석 중이었다. G20은 1999년 하반기에 창설된 국제협의체로서 G7국가와 경제규모가 상대적으로 크고 중요한 13개 신흥시장국의 재무장관과 중앙은행총재가 참여하는 세계경제 및 국제금융협의체이다. 이 협의체는 1997년 아시아를 휩쓴 외환위기가 종전 G7위주의 세계경제 내지 국제금융질서 운용에서 비롯됐다는 비판에 따라 G7외에 우리나라를 비롯하여 국제경제적으로 중요한 국가들을 포함시켜 만든 것이다. G20은 재무장관회의와 재무차관회의를 일년에 한번씩 돌아가면서 개최하는데 당시 칸쿤에서 재무차관회의가 열리고 있었다.

국제전화를 통해 관세청장 임명소식을 들었을 때 마치 커다란 짐을 지고 험한 산을 힘들게 오르다가 정상에서 짐을 내려놓았을 때와 같은 기쁨과 해방감을 함께 느꼈다. 기쁨은 우선 차관급으로 승진됐다는 데서 오는 것이었고 해방감은 지난 5년여 간 재정경제부 대외담당 실무 총책임자로서 외환위기 극복을 위해 노심초사 동분서주하던 자리를 벗어난다는 데서 오는 홀가분함이었다. 이제 어느 정도 위기를 극복한 단계에서 무거운 짐을 내려놓게 되어 무엇보다도 다행이었다. 굳이 무게를 달아 보았다면 아마도 기쁨보다 해방감이 더 크지 않았을까 여겨진다.

위기탈출 5년 - 설렘을 안고 새길에

돌아보면, 2년여를 대통령비서실에 근무하다 재정경제부 국제금융심의관으로 전보된 1998년 여름의 상황은 사실그대로 표현하여 참담하기 그지없었다. 국가부도라는 최악의 위기는 간신히 넘겼으나 국가 신용등급은 미국의 무디스, 에스앤피, 영국의 피치 등 주요 국제 신용평가사들로부터 6~10단계나 하향 조정되어 모두 투자부적격으로 떨어졌고, 국제자본으로부터는 철저하게 외면당하고 있었다.

그로부터 5년여 길고 긴, 그리고 험난한 위기극복의 세월이 연속
됐다. 외환위기 직후 200여 억 달러의 단기외채 만기연장, 국제금융
시장에서 외평채의 성공적 발행으로 긴박한 외환유동성부족 위기는
벗어났지만 국제금융시장으로부터의 외면, 국내외환시장의 불안 등
으로 하루도 편할 날이 없었다. 또한 국가신인도 회복을 위한 적극적
인 국가 IR(Investor Relations)활동 등으로 잠시도 틈이 없는 나날
을 보냈다. 그 결과 1999년 들어 대외부문의 안정성이 어느 정도 회
복됨에 따라 우리의 국가신용등급은 외환위기를 맞았던 국가 중 가
장 빨리 약 1년 반 만에 투자적격등급을 회복할 수 있었다. 또한 IMF
측과 11차례의 정책협의를 통해 IMF 프로그램을 2000년 12월 성공
적으로 종료하고, 195억 달러에 이르는 IMF 지원자금도 2001년 8월
조기에 전액 상환할 수 있게 됐다.

다른 한편에서는 외환시장의 안정유지와 선진화에 심혈을 기울였
다. 특히 1997년의 외환위기가 우리나라 외환시장의 후진성에서 기
인한 바가 크다는 점을 감안하여 외환시장의 구조와 체질을 바꾸는
데 주력했다. 자유변동환율제가 정착되도록 최대한의 노력을 기울였
으며 차액결제 선물환거래의 허용, 공기업 환위험 관리에 관한 표준
지침 시행, 기업 외환리스크 관리방안의 시행, 외환시장 행동규범의
제정 등이 모두 이 시기에 행해진 것이다.

또 단계별로 외환거래 자유화를 추진하여 2001년 말 1, 2차 외환
자유화를 완료했고, 위기에 효율적으로 대응하기 위해 1999년 4월
국제금융센터를 설립해 시장모니터링 기능을 강화했다. 아울러 한국

은행에 외환전산망과 국제금융센터에 '외환조기경보 시스템'을 구축하여 가동했다. 이러한 다각적인 노력 외에도 1,000억 달러 이상의 외환보유고 확충, 우리나라가 해외에 갚을 돈보다 받을 돈이 더 많은 순 채권국으로의 전환 등에 힘입어 우리나라 국가신용등급은 옛 모습을 되찾기 시작했다. 2002년 3월 무디스의 두 단계 신용등급 전격 상향결정을 신호로 마침내 세계 3대 신용평가회사로부터 외환위기 이전 수준인 A등급을 완전히 회복하게 됐다.

국제금융시장동향을 정확하게 파악하고 국제금융체제 개편 논의에 적극적으로 참여하기 위해서는 다자간, 그리고 지역 내 국가간의 금융협력에도 많은 공을 들여야 한다. 각종 회의와 투자설명회등에 참석하느라고 연간 15∼20차례 해외출장을 다녀야 했다. 한·중·일 재무당국의 국제금융국장회의를 우리 주도로 창설했으며 이를 토대로 한·중·일 재무장관회의를 정례화 했다. 아세안과 한·중·일 3국간에 외환위기시 상호 자금지원을 통해 외환위기를 예방하도록 한 '치앙마이이니셔티브(CMI)'도 우리나라가 주도하여 만들어졌다. 관세청장 발령시 참석하고 있던 G20 재무차관 회의도 다자간 금융협력의 일환으로 우리나라가 적극 참여하여 많은 기여를 하고 있던 회의였다.

이러한 일들에서 벗어나 새롭게 시작하는 관세행정 업무는 나에겐 다소 생소한 영역이었다. 또한 관세청 쪽에는 평소 지면이 있는 사람들도 많지 않았기 때문에 그야말로 완전히 새로운 일을, 새로운 사람들과 하게 된 것이다.

02

변화하는 것과 변화하지 않는 것

사천왕상과 세관공무원

전라남도에 있는 송광사에 가면 절 입구에 험상궂게 생긴 사천왕상이 있다. 이 사천왕상은 조선 인조 2년인 1624년에 조성된 것으로 국보 제1255호로 지정되어 있다. 물론 사천왕상은 다른 절 문간에서도 쉽게 볼 수 있다. 듣기로 사천왕상은 인도에서 유래한 것으로 당초 우주의 사방을 지키는 수호신을 형상화시킨 것이라 한다. 우리나라의 그것은 의미가 좀 더 확대되어 부처나 불사리(佛舍利), 불국토(佛國土), 나아가 국가를 악으로부터 지켜 주는 신장(神將)으로 여겨져 만들어졌다.

사천왕상을 보면 눈을 치켜뜨고 노려보는 모습, 입을 악다물거나 포효하는 듯이 벌리고 있는 모습이 사람의 마음에 위압감을 주기 충분하다. 더구나 다리로 사람이나 악귀를 밟고 있는 모습은 사천왕상이 무슨 의미를 가지고 있는지 잘 모르고 있는 이들에게 더욱 무서운 모습으로 비치기 마련이다. 절에 들어갈 때 사천왕상이 무섭듯 외국에서 우리나라에 입국하는 여행자들에게는 입국장에 있는 세관공무원들이 무섭게 여겨진다. 특히 해외여행을 처음 하는 사람에게는 더욱 그러하리라. 대체로 일반인들에게 있어서 세관에 대한 인상은 그리 좋은 편이라 할 수 없었다.

대외업무에 종사하는 동안 우리나라뿐만 아니라 세계 각국의 세관공무원들을 대하게 되었다. 하지만 기억을 되돌려 보면 1990년대 후반이후 내가 귀국하면서 우리공항에서 세관검사를 받은 적은 거의 없다. 세관검사가 간소화되기도 하였을 뿐만 아니라, 또한 지닌 짐이 적었기 때문이기도 하였을 것이다. 그러나 1970년대와 1980년대에는 많은 사람들이 예외 없이 샅샅이 짐 검사를 받으며 거칠고 퉁명스러운 세관직원의 태도에 불쾌감을 느꼈으며, 별로 해외에서 고가품을 사오는 것도 아니면서 괜히 내가 지닌 물품이 불법적이거나 세금을 내야하는 것은 아닐까 조마조마 하였던 기억은 대부분 간직하고 있으리라. 청장으로 부임한 뒤 안 일이지만 근년까지도 공항에서는 이와 같은 일들이 일어나고 있었다. 관세청 홈페이지에 개설되어 있는 '청장과의 대화' 방에 올려진 다음의 항의메일이 이를 잘 말해준다.

사천왕상이 온 세상의 악으로부터 선을 구하는 역할을 맡고 있듯,

세관공무원들도 경제 국경선에서 외부로부터 나라를 수호하는 역할을 하고 있다. 물론 세관이 여행자의 짐만 검사하는 게 아니라 수출입물품의 통관이나 밀수단속 같은 일을 주로 하는 기관이라는 정도는 진작 알고 있었다. 그러나 관세청장으로서 관세행정을 어떻게 이끌어 나갈 것인가를 생각하면서 다른 많은 국민들도 가지고 있을 부정적 세관이미지의 불식을 포함한 획기적 변화가 필요하다는 생각을 하지 않을 수 없었다.

새 부대에 새 술을

3월 3일 임명을 받은 후 귀국하여 관세청장에 취임한 것은 그로부터 3일 후인 3월 6일이었다. 이 사흘 동안 관세청장으로서 앞으로 어떻게 관세청이란 조직을 이끌어 갈 것인지에 대해 여러 가지로 숙고했다. 그동안 관세청장이 재정경제부 1급 공무원 중에서 승진 임용된 경우가 많았기 때문에 '나도 그렇게 될 가능성이 있다' 라는 생각은 하였지만 그때까지 막상 관세청장을 가정하고 관세행정에 대해 깊이 생각해 본 적은 없었다.

관세행정 경험이 전혀 없었으므로 구체적으로 무엇이 현안과제이고 그 문제들을 어떻게 풀어갈 것인지에 대해서는 잘 알지 못했다. 다만 한 가지 분명한 방향은 제시되어 있었다. 당시는 참여정부가 막 출범한 상태였고, 새로운 정부가 공표한 주요 국정과제 중 하나가 바로 '동북아경제(물류) 중심국가 건설' 이었다. 따라서 국제물류와 밀접한 관련이 있는 관세청으로서는 이를 위하여 무언가 해야 하겠다는 점만은 분명했다. 그러나 보다 중요한 것은 이와 같은 과제의 실현을 위해 구체적으로 관세청이 무엇을 할 것이며 어떻게 할 것인가 하는 것이었다.

이때 내가 생각한 것은 우선 이와 같은 국정과제를 관세청 차원에서 성공적으로 실행하기 위해서는 관세행정에 기업의 경영마인드를 적극 도입해야겠다는 것이었다. 정부도 이제 국제경쟁력을 갖추어야 하고 이를 위해서는 기업과 같이 능률과 효율성을 중시하는 조직으로 바뀌어야 한다고 믿었다. 기업의 주요 경영방식 또는 기법은 행정조직에서도 반드시 필요하다는 것이 평소 나의 생각이다. 물론 행정조직은 기업과 같이 이윤을 목표로 하는 것이 아니라 공익을 목표로 하는 것이므로 많은 면에서 차이가 있다. 그러나 인원과 물자를 조직하고 동원하여 특정한 목표를 성취해 나아간다는 점에서는 큰 차이가 없다.

시장경제 국가에서 기업경영의 요체는 여러 가지가 있겠으나 나는 현 시점에서 관세행정 관리에 있어 도입하여야 할 가장 중요한 마인드는 '효율'과 '성과', 그리고 '고객중시'의 자세라 보았다. 이는 흔히 행정조직 특히 관세청과 같은 규제행정조직에 만연하기 쉬운 관료주의와는 반대되는 개념이기도 하다. 또한 사천왕상처럼 무섭고 틀에 박힌 세관공무원이 아니라 물처럼 더 할 나위 없이 부드러우면서도 정확하게 제 할 일을 해내는, 효율과 성과가 최대한으로 발휘되어 생산성이 드높은 조직이 21세기 우리에게 필요한 행정조직이라고 생각한 것이다. 나는 이것이 막 출발한 참여정부란 새 부대에 관세청장으로서 내가 담을 새로운 술이 되어야 한다고 생각했다.

말이 씨가 된다

어떤 사람이건 그가 하는 말을 가만히 들어보면 그 사람의 됨됨이를 알 수 있다. 의도적인 거짓말을 하는 것이 아니고서는 자신의 생각, 자신의 경험 그리고 자신의 가치관을 벗어난 말을 하기는 어렵기 때문이다. 반대로 어떤 말이 여러 사람의 입에 오르내리면서 그 말이 사람들의 생각과 태도를 바꾸어 가기도 한다. 사회적으로 말이 중요한 이유가 여기에 있는 것이 아닌가 한다.

관세청장으로 처음 취임사를 할 때 내가 유의한 것도 이런 점이다. 누구에게나 공감이가는 짧은 표현으로 신임청장의 의지를 분명하게 전달하고, 향후 관세청 직원들의 행동지표가 될 수 있는 말. 그 말을 어떻게 담아 낼 것인가. 가급적 말은 짧고 명확해야 오래 기억되고, 기억에 남아야 영향을 미치게 되는 것이다. 우리 직원들의 생각을 유연하게 바꾸고, 개혁에 대한 거부감을 줄여 동참하게 하기 위해서 생각해 낸 말은 바로 '변화' 라는 단어였다.

> 여러분. 이 세상에 변하지 않는 것은 없습니다. 오로지 변하지 않는 것이 있다면 그것은 '모든 것은 변한다' 는 사실 뿐입니다. 우리 모두 자신감을 가지고 변화와 혁신의 주체가 되어야 하겠습니다.
>
> 2003. 3. 6 청장 취임사 중에서

이 취임사 구절의 효과가 상당했다는 것은 그로부터 2년 가까이 지난 지금까지 이를 인용하는 관세청 간부들이 있다는 데서 실감한다. 말이 씨가 된다는 속담이 있다. 그 뜻은 대체로 함부로 말을 하지 말라는 경계의 뜻으로 쓰인다. 그러나 좋은 말은 바로 씨가 되어 싹을 틔우고, 꽃을 피우며, 나아가 열매를 맺게 할 수 있다는 의미도 된다. 지난 2년간 처음에는 작은 파문으로 시작됐다가 어느새 큰 파도로 번져온 관세행정 혁신의 근저에는 모든 것은 변할 수 있고, 변해야 한다는 이 말이 씨앗으로 작용했다고 믿고 있다.

시시각각으로 변화하는 대내외 환경속에서 매우 중요한 덕목의 하나는 바로 유연성이다. 우리를 둘러싸고 있는 환경은 항상 변하고 있으며 이와 같이 변화하는 환경에 적응하기 위해서는 우리의 자세도 변화에 적응할 수 있도록 유연해야 한다는 것이다.

변화의 시작, 3S 운동

변화를 준비하며

'개구리도 옴쳐야 뛴다'는 속담이 있다. 이는 아무리 급하더라도 일을 이루려면 마땅히 그 일을 위한 준비단계가 필요함을 이르는 말이다.

체조의 뜀틀선수나 멀리뛰기, 높이뛰기 선수들도 그렇다. 출발선상에서의 마음상태와 탄력을 보태기 위한 도움닫기, 그리고 마지막 발판 구르기 동작까지 연계된 일련의 준비동작들이 한 치의 부조화 없이 치밀하여야만 자신이 기대하는 본 동작을 십분 이끌어 낼 수 있다.

관세청에 온 뒤 외환위기극복과 국가신인도 제고라는 긴박한 과제로 바쁘게 보냈던 지난날의 기억을 하루 빨리 지우고, 관세행정의 수준을 한 단계 높일 새로운 프로그램을 만들어야겠다는 생각을 했다.

그림을 그릴 때 밑그림은 중요하다. 밑그림의 크기와 구도, 그리고 바탕을 제대로 잡아야 중간에 그만두더라도 누군가 후일 그 일을 이어갈 것이고 마침내 작품다운 작품이 만들어질 수 있는 것이다. 단기적인 성과보다는 좀더 본질적인 문제에 접근하여 관세행정을 선진국 수준으로 이끌어 올릴 수 있는 큰 그림이 필요하다고 생각했다. 그러니까 단거리가 아닌 중장거리 달리기를 준비한 것이다.

차량이나 기계와 같은 경우 사람이 시키는 대로 움직이기 때문에 준비단계에서 그 성능과 내구성, 그리고 연료 등만 점검하면 된다. 그러나 사람의 경우는 다르다. 능력과 인내성 그리고 동기부여만으로는 한계가 있다. 그 외의 다른 무엇이 필요한 것이다. 바로 일하는 사람의 의욕과 의지이다. 같이 일해야 할 관세공무원 각자가 내가 추진하고자 하는 방향으로 얼마나 동참해 주느냐에 따라 일의 성패가 달려 있는 것이다. 부임 이후 줄곧 이 부분에 대하여 고민하고 또 고민했다.

출발점검! 불필요한 짐을 버려라

먼저 차량엔진을 점검하듯 관세청이라는 조직의 추진력을 점검했다. 살펴보니 모두가 일에 지쳐있었다. 거의 매일 야근하는 부서가 많았다. 관세청에는 정원보다 훨씬 많은 인원이 일선세관에서 파견 나와 근무하고 있었고 이들에 대한 인사상의 우대로 본청과 일선직원 사이에 커다란 위화감마저 조성되어 있었다.

열심히 일한 만큼 그동안 관세행정이 많이 발전한 것도 사실이다. 그러나 내가 보기에는 자만할 수준은 전혀 아니었다. 다른 부처보다 앞서서 하려는 노력의 흔적은 여러 곳에서 보였고, 실제 그러한 것도 있었으나 아직 선진국 수준에는 크게 미치지 못하는 부분이 눈에 많이 띄었다. 더 나아가야 할 부분이 있는데 당시의 업무 수행구조로는 더 이상 앞으로 나아갈, 그것도 멀리 오랫동안 나아갈 동력이 부족해 보였다.

서둘러 엔진을 바꾸기는 쉽지 않겠지만 효율성이 높은 엔진, 효율성이 높은 조직이 필요했다. 나는 우선 불필요한 짐을 내릴 것을 주문했다. 불필요한 짐을 버리지 않고서는 꼭 가져가야 할 짐을 실을 수 없는 것이다.

관세행정의 급선무, 그것은 바로 '불필요한 일 줄이기'였다. 불필요한 일을 줄여야만 시간과 인력의 여유가 생기고 더 중요한 다른 분야에 역량을 집중시킬 수 있기 때문이다. 불필요한 일 버리기의 일환으로 대면(對面)보고 대신 서면보고 또는 전자결재를 활용하도록 하고, 그 외 표준보고서 활용, 노트북 회의, 회의시간 사전예고제, 문서 총량제 등 가장 일상적인 업무방식부터 변화를 시도했다.

여기에 그치지 않고 관세청 및 전국 세관직원들로 하여금 불필요한 일들을 스스로 발굴하여 폐지하고 복잡한 일은 단순화하는 한편,

중복되는 일들은 일원화하도록 특별히 요청했다. 말하자면 관세행정의 업무부담을 경량화 하고 효율성을 강화하기 위해 시작한 첫 번째 일은 바로 '일 버리기'인 것이다.

지금까지 누구나 열심히 하자고 독려는 했지만 청장이 오자마자 일을 없애자는 제안을 한 것은 직원들에게 새롭게 비춰졌을 것이다. 불필요한 일들을 없애야 한다는 사실에 대해 대부분 직원들이 공감했다. 하지만 현실적으로 일선 직원들이 하던 일을 스스로 없앤다는 것은 어려운 일이었다, 간부직원들이 솔선하지 않으면 안 되는 일이었다. 간부 직원부터 불필요한 지시를 줄이도록 요구했다.

업무혁신을 위해서는 우리가 가진 역량을 집중시켜야 하며 이를 위해서는 최대한의 생산성과 효율성을 실현할 필요가 있었다. '불필요한 일을 버리자'는 제안은 이의 실현을 위한 첫 번째 시도였다.

3S 型 엔진으로 바꾸어라

자동차의 추진력은 엔진의 효율성에 의존한다. 이 엔진의 효율성을 행정에 비긴다면 조직의 효율성이다. 변화와 혁신을 위한 효율적인 조직문화. 이것이 바로 관세행정의 혁신을 위해 필요한 동력이었다.

효율성 향상을 위한 노력이 일회적이 아니라 관세행정의 문화로 성숙되어야 한다고 생각했다. 이와 같은 시각에서 일하는 방식에 대한 세 가지 원칙을 하나의 운동으로 전개하기로 했다.

취임 후 보름정도 지난 3월말 서울본부세관을 방문하면서 이와 같은 내부혁신의 방향을 처음으로 제시했다. 이때 제시한 내용은 다음과 같다.

> 그동안 관세행정에 많은 개혁과 개선조치가 있었던 것이 사실입니다. 하지만 이런 과정에 기능이 중복되는 유사제도는 조직진단을 통해 통폐합하고 복잡한 업무는 단순화해 직원들의 업무부담을 줄이고 효과적으로 역량을 집중하도록 단순 표준화해야 합니다.
>
> 또한, 현대 행정에서 제일 중요한 것은 전문화이므로 간부들은 모든 세관직원들이 전문화될 수 있는 여건을 조성하여 어느 선진국 세관직원과 비교해도 뒤떨어지지 않는 능력을 갖출 수 있도록 노력해 주기 바랍니다.
>
> 아울러, 새로운 정부는 참여정부로서 우리 관세청이 '열린행정'과 '수요자 중심의 관세행정'을 구현하기 위해 노력해야 하며, 항상 국민의 입장에서 개선할 점을 찾고 미진한 점을 보완하는 등 서비스 지향적인 자세로 무엇이 국민에게 가까이 다가서고 국민을 편리하게 하며 또 도움을 줄 수 있는지 부단히 성찰하고 개선하여 선진 관세행정을 구현하도록 해야 할 것입니다.
>
> 2003. 3. 20 서울 세관 업무점검시

이는 행정혁신을 위해 일하는 방식의 변화를 요구한 것으로, 이를 집약하여 구호로 제시한 것이 바로 관세청의 '3S 운동'이다.

경영학 교과서에 나오는 이야기는 아니지만 그간 행정업무에 종사하면서 정부도 기업과 같은 경쟁력을 갖추어야 한다고 생각하였으며 그러한 변화의 물결을 일으키기 위한 수단으로 시작한 것이 바로 이 운동이다. 3S 운동의 내용을 간략히 정리하면 다음과 같다.

먼저 업무혁신역량을 강화하기 위해서는 우선 불필요한 일을 줄여야 한다고 보고 이를 추진했다. 불필요한 일을 줄여야만 중요하고 핵심적인 업무에 역량을 집중할 수 있는 여력을 가질 수 있기 때문이다.

앞에서도 이야기 했듯이 먼저 회의, 보고, 결재를 단순화 시켰다. 청장과 차장의 결재권을 국·과장에게 대폭 위임했다. 아울러 각 업무 분야별로 매뉴얼을 만들어 갔다. 매뉴얼은 표준화된 서비스, 일관성 있는 서비스를 가능하게 한다. 이러한 업무의 단순 표준화(Slim)가 바로 첫 번째 'S'이다.

두 번째 'S'는 직원의 전문화(Specialization)이다. 조직의 효율성을 제고하기 위해서는 조직 구성원이 전문화되어야 한다. 그래야 고객에 대한 서비스 품질을 높일 수 있기 때문이다. 결국 전문화는 관세행정의 효율성을 향상시키고 나아가 관세행정의 질을 높이는 핵심 과제라는 생각에 업무혁신의 중요한 원칙으로 삼고자 한 것이다.

그리고 마지막 'S'는 고객 즉 수요자에 대한 서비스 지향운용(Service-oriented)이다. 단순·표준화와 전문화가 조직과 인력의 효율성을 통해 일하는 방식의 변화를 추구한다면 서비스지향은 고객을 위한 관세공무원의 일하는 자세나 사고의 변화를 추구하는 것이다. '국민을 위하는 것'이 행정의 최고이념이니 만큼 관세행정에 종사하는 모든 공직자가 고객에 대한 서비스를 체질화하여야 한다는 원칙을 제시한 것이다. 3S 운동은 이렇게 관세행정혁신을 본격적으로 추진하기에 앞서 변화의 물꼬를 트기 위해 시작하게 된 것이다.

이 3S 운동은 본부와 일선의 하급직원들에게 매우 긍정적인 반응과 높은 호응을 불러 일으켰다. 나아가 동북아 물류중심국가 건설을 위한 초일류세관 실현이라는 과제를 달성하기 위해 설정한 어려운 과제들을 무리 없이 추진해 가는 데 큰 힘이 되고 있다고 본다.

Chapter 2

'초일류세관'을 향한 도전

왜 '초일류세관' 이어야만 하는가

무엇을 어떻게 할 것인가

초일류세관 추진전략은 무엇인가

The government for the Best It's not a dream-anymore

왜 '초일류세관'이어야만 하는가

동북아, 다시 역사의 전면으로

지금 우리는 21세기 무한경쟁 시대에 살고 있다. 특히 우리나라가 위치한 동북아시아지역이 세계경제에서 차지하는 비중이 증대되어 가면서 역내 국가간의 경쟁은 날로 격화되고 있다. 동북아 지역은 이미 세계의 생산 및 물류의 주요 기지로 부각됐다. 유럽연합(EU), 북미자유무역지역(NAFTA)과 함께 세계 3대 교역권으로 부상했다. 물동량 비중은 1997년 27%에서 오는 2006년에는 30% 수준으로 확대될 추세다. 이 지역총생산의 비중 역시 1999년 20%에서 2020년이 되면 30% 수준까지 확대될 전망이다. 전 세계의 1/3 수준으로 커지고 있다. 경제대국 일본의 '나홀로 발전'에서 우리나라를 포함한 홍콩, 대만, 싱가포르가 가세하고, 여기에 인구대국 중국의 급성장으로 동북아 지역의 비중이 점차 확대되고 있는 것이다.

바다의 실크로드를 무대로 한 명(明)나라 제독 정화(鄭和)가 7차례의 대항해로 동양의 무역이 절정을 이룬 것이 15세기 중엽. 그리고 포르투갈의 항해자 바스코 다 가마(Vasco da Gama) 이후로 세계무역의 중심이 서양으로 넘어가기 시작한 것이 15세기 말. 그로부터 5세기가 지나 다시 동북아시아 지역은 세계경제의 집중적인 스포트라이트(Spotlight)를 받게 된 것이다.

'세계의 공장'으로 불려지는 중국은 최근 10년간 평균 8.4%의 고속성장을 거듭하고 있다. 동남아시아 지역 역시 가장 빠르게 성장하는 지역으로 평가되고 있다.

인천공항을 중심으로 비행거리 반경 3시간 이내에 인구 100만이 넘는 거대도시만도 43개가 있다. 거대한 배후시장과 급속한 경제성장은 끊임없이 이윤을 찾아 움직이는 세계기업에게 곧 매력적인 투자처임을 의미한다.

다국적기업으로서는 이 지역의 어떤 장소든 늘어나는 수요에 대처하기 위해 동북아 지역본부를 설치할 필요성이 높아지고 있는 것이다. 이러한 사실은 곧 동북아시아 역내 각국이 자국을 동북아 허브기지로 육성하려는 경쟁을 촉발시키는 요인이 되기도 한다.

총칼없는 전쟁

중국은 상하이를 2010년까지 부산항의 3배가 되는 세계 최대 항만으로 개발하는 야심찬 프로젝트를 추진하고 있다. 싱가포르의 원-노스(One-North) 프로젝트는 생명공학연구소와 산업체가 결집된 생명공학의 허브 구축을 목표로 한다. 10년 장기불황에서 벗어나고 있는 일본은 하카다 만 간척지에 새로운 R&D와 비즈니스 허브를 목표로 '아일랜드시티(Island City)'를 구축하고 있다. 우리나라에서 추진하고 있는 '동북아물류중심'의 골격 역시 물류중심 및 금융허브를 지향하고 있다.

최근 추진되는 각국의 허브전략은 상호보완적일 수 있으나 상호배타적일 수도 있다. 홍콩, 싱가포르, 도쿄와 함께 서울을 동북아 금융허브로 육성하려는 전략이나 한·중·일 3국을 잇는 베세토라인(Beseto Line)의 구축논의가 전자의 예이다. 동북아지역과 미주 사이의 해상물류를 둘러싸고 진행되고 있는 상하이와 부산의 물류허브화 전략은 후자의 예가 될 수 있다. 중국의 항만경쟁력이 강화될수록 그간 부산항을 이용했던 물량은 중국항만을 선택하게 될 것이다.

특히 허브전략이 상호배타적일수록 경쟁에서의 실패는 허브구축에 투입된 비용의 회수는 고사하고 장래 치명적인 결과를 초래할 수 있다. 따라서 동북아 허브전략은 향후 우리나라의 미래를 좌우할 전략적 의미를 갖는다. 그것은 곧 서울, 부산, 인천 등 우리나라 대표적 도시의 흥망성쇠와 직결될 수도 있다. 때로는 협력하기도 하지만 근본적으로는 총칼없는 전쟁인 것이다.

넛크래커(Nut-Cracker), 위기와 기회

　오늘날 우리나라가 처한 경제적 상황을 가리켜 흔히 넛크래커 (Nut-Cracker)의 운명으로 비유하곤 한다. 세계 두 번째 경제강국인 일본과 굴뚝산업에서부터 첨단산업까지 무섭게 우리를 추격해오고 있는 중국 사이에서 살아남느냐 마느냐 하는 절박한 상황이다. 그러나 우리에겐 숱한 위기 속에서도 발전을 거듭해온 저력이 있다. 또한 미래는 충분히 준비하는 자에게 결실로 보상하게 마련이다. 우리가 딛고 서있는 위치를 잘만 활용한다면 오히려 5,000년 역사에 다시 올 수 없는 번영의 기회를 맞을 수도 있다.

　우리나라의 여건은 여러 가지 면에서 유리한 위치에 있다고 본다. 지정학적으로는 동북아의 중심에 있고 아시아에서 미주로 가는 주 간선항로의 최단거리에 부산항과 인천공항이 자리를 잡고 있다. 여기에다 남북화해의 분위기 속에 가시화된 남북 육로와 철도가 연결되면 태평양과 유라시아 대륙을 잇는 교량역할을 할 수 있기 때문이다. 세계적 수준의 정보기술과 인프라, 여기에 우수한 노동력은 동북아 물류중심과 금융허브의 꿈을 일구는 튼튼한 기반이 될 것이다.

허브의 중심에 세관이 있다

　금융허브든 물류중심이든 그것은 사람과 화물과 자본의 국가간 이동을 전제로 한다. 보다 자유로운 이동이 보장될 수 있는 제도(S/W)와 이를 국내로 흡수해 낼 수 있는 물적 시설(H/W) 등 총체적 환경은 결국 부가가치 상승을 통해 국가경제에 기여하게 될 것이다. 부산항에 컨테이너 1개의 환적화물이 추가로 유치될 때마다 하역, 재포장 등 컨테이너 재조작을 통해 약 200달러의 부가가치가 창출된다는 사실은 무엇을 말하는가. 부산항에서 2003년 20피트 컨테이너 기준으로 425만 개 해당하는 환적화물이 처리됐는데 이를 10%만 증가시켜도 총 8,500만 달러의 국민소득이 증가하는 셈이다.

그런데 사람과 화물의 국가간 이동에는 반드시 거쳐야 할 관문이 있다. 바로 세관이다. 세관행정이 효율적이고 원활할수록 물류나 사람의 이동이 촉진될 것이다. 이는 곧 세계무역기구(WTO)나 세계관세기구(WCO: World Customs Organization)[1]가 세관절차를 중심으로 무역원활화에 관하여 활발하게 논의하는 이유이기도 하다. 따라서 세관의 서비스 향상이 동북아 허브구축의 첫 출발점이 되어야 한다. 세관서비스가 뒤쳐진 채 동북아 허브를 꿈꾼다면 첫 단추부터 잘못 채워진 격이 될 것이다.

세관은 그 기능이나 역할의 중요성에 비해 세간에 잘 알려져 있지 않다. 평범한 사람이라면 외국을 드나들 때 공항에 가서야 비로소 세관직원을 보게 된다. 외국여행 경험이 없는 사람이라면 아마도 간헐

---

1) 세계관세기구 : 세계 관세청간 상설협의기구. 1953년에 설립되어 2004년 말 현재 회원국은 163개국이다. 국제 관세규범을 제정하고 회원국간 정보교환이나 기술적 지원 등을 수행하고 있다.

적으로 보도되는 밀수사건을 듣고서야 세관의 존재를 인식하게 될 것이다. 그러나 오늘날 우리나라가 세계 10위권을 바라보는 무역강국으로 도약하기까지 세관이 기여한 바는 결코 과소평가되어서는 아니 될 것이다.

부존자원이 열악한 우리경제가 성장하기 위해서는 무역발전이 필수적이었고 무역의 활성화를 뒷받침할 수 있기 위해서는 무엇보다 세관의 행정과 기술이 발달하여야 한다. 산업육성과 무역입국의 기치를 내건 1970년대에는 산업구조 고도화를 지원하기 위해 관세율 정책이 적극 활용됐다. 외국물품을 원재료로 하여 물품을 생산한 뒤 수출하는 경우 원재료에 부과됐던 관세를 되돌려 주는 관세환급제도를 도입하는 등 수출진흥에 각별한 노력을 기울였다.

1980년대 들어 무역량이 폭증하면서 인력위주의 관세행정 운영은 이를 효과적으로 처리하는 데 한계에 봉착하기 시작했다. 이에 따라 1980년대 말부터 관세행정 전산화를 적극 추진했다. 이를 통해 수출입신고나 세금환급신청 등 세관의 기본적 업무들을 오늘날에는 100% 전산으로 처리할 수 있게 됐다. 그 결과 수출신고는 5분, 수입신고는 1시간 30분 내로 처리할 정도로 빨라졌다.

세관업무처리 속도의 진전은 고스란히 수출입업체의 물류비용 감축효과[2]로 나타났다. 세관측면에서도 업무처리가 효율화됐다. 단순

---

2) 한국전산원은 전산화 시행 이전인 1993년과 대비하여 연간 약 2조 5,000억 원의 물류비 감축효과가 있는 것으로 분석했다(2002년).

한 처리속도 외에 무엇보다 전산화를 통해 집적된 정보는 밀수나 탈세 등의 가능성을 효과적으로 분석할 수 있는 토대가 됐고 관세행정 전반에 걸쳐 생산력이 제고된 것이다.

세관서비스의 현주소는

전산화를 토대로 한 신속한 업무처리와 함께 업무수행상의 친절이나 정확성, 그리고 세관직원들의 청렴성도 크게 강조됐다. 1998년 관세행정 전 분야에 걸쳐 세관을 이용한 수요자들을 대상으로 매월 설문조사를 실시하여 각 분야의 문제점들을 직접 듣는 청장모니터링 제도를 도입했다. 2000년부터는 세관을 이용한 수요자들을 대상으로 전화를 통해 만족여부를 확인하는 제도(Happy Call)를 도입했다. 잊혀질만하면 불거지는 세관직원 비리에 대한 척결의지도 지속적으로 천명됐다.

그럼에도 불구하고 세관의 서비스에 대한 외부적 평가는 냉랭하기만 했다. 관세청 자체적으로 또는 외부에 용역을 주어 확인한 만족도 조사결과는 꾸준한 상승추세였다. 그러나 2001년 정부기관을 대상으로 한 국무조정실의 민원서비스 만족도조사에서는 19개 기관 중 12위를 차지할 정도로 낮았다. 부패방지위원회가 2001년도 71개 공공기관에 대한 청렴도 조사 결과 확인된 부패지수 역시 매우 높은 기관의 범주에 포함됐다. 민간기구인 국제항공운송협회(IATA:

International Aviation Transportation Association)의 2001년 세계 공항에 대한 수요자만족도조사 결과 인천공항의 세관부문에 대한 만족도는 28개 공항 중 15위로 역시 낮은 수준에 머물렀다. 세관의 업무처리속도는 빨라졌으나 부산항은 만성적인 화물적체로 신음하고 있었다. 한마디로 내부에서 느끼고 있는 것과 외부에서 바라본 평가에 커다란 격차가 존재하고 있었던 것이다.

> 세관행정의 고객을 만족시키는 방법은 세금을 징수하지 않는 것인데, 세금을 징수하지 않는 것에 대해서 책임질 수 있나?
> 규제행정 기관은 절대로 민원 서비스 만족도가 높을 수가 없다. 경찰청이나 국세청의 경우도 마찬가지이다!
>
> 관세청 내부직원

> 최근 세관 직원이 비리를 저지르다 검찰에 잇따라 적발되면서 관세청의 기강이 해이해졌다는 지적이 제기되고 있다. 지난 9월부터 최근까지 관세청 직원 4명이 비리에 연루되면서 검찰에 적발됐다.
>
> 연합뉴스(2002.11.14)

특히 관세청 홈페이지 '청장과의 대화방'에 올라오는 일선세관의 불친절에 대한 민원인의 불만은 상상을 초월했다. '아직도 세관의 혁신은 멀었다'는 생각과 함께 '이대로는 안되겠다'는 강한 개혁의 의지를 불러 일으켰다.

자만의 벽을 깨뜨려라

무엇이 문제인가? 관세청은 4,200여 명의 직원이 근무하는 거대한 정부조직의 하나이다. 직원들은 나름대로 뽑히고 뽑힌 우수한 인력이었다. 제복을 입고 근무하는 특성상 상하관계나 민원인과의 응대에 있어 절도도 있었고 품위도 있었다.

운영 시스템도 우수했다. 기본적 업무처리 시스템인 통관 시스템, 정보화 수준, 관세행정 각 분야별 인력전문화 프로그램이나 직원들의 근무희망지를 전산으로 관리하고 인사에 반영하는 프로그램 등은 한발 앞선 것이었다.

문제는 무엇보다 본청과 일선 세관 사이에 괴리감이 존재하고 있다는 점이었다. 그동안 통관 시스템을 부단히 개선하고 정보화 수준을 높여 온 결과 일류수준에 도달하고 있었으나, 이는 어디까지나 본청 또는 일부 직원의 일이라는 인식이 널리 퍼져 있었다. 일선현장에서는 처벌 위주의 본청 감사도 도마 위에 오르내렸다.

조직 전체의 활력도 다소 떨어져 있어 보였다. 전산화는 업무효율을 높이기도 했지만 세관에 생동감은 없어보였다. 통관의 신속화와 관련되는 직원들의 업무처리시간이 실시간으로 측정되고 있었다. 이에 따라 일선세관 직원들은 법령과 규정에서 점차 멀어져가고 있었다.

언제부턴가 그날그날 처리해야 할 일들이 올라오는 컴퓨터의 화면을 보고 마우스(Mouse)만 클릭(Click)하는 사람들로 바뀌어 가고 있었다. 창의적 활동은 소수 직원 몫이었다. 일년이 멀다하고 청장이 교체되는 것도 한 몫 했다. 새로운 청장이 올 때마다 이번에는 또 어떤 일을 벌일까 하는 냉소적인 분위기가 감돌았다.

본청은 본청대로 일종의 자만의식이 퍼져 있었다. 스스로 어느 분야에서는 일류라는 생각에서 오는 자긍심이기도 했다. 그러나 자긍심의 도가 지나치면 조직 병리현상으로 나타나게 마련이다. 통관 시스템이나 정보화의 우수성이 강조되면서 부지불식간에 '이만하면 됐다' 하는 의식이 스며들어 있었다.

업무영역이나 역할에 대한 인식도 다소 소극적인 듯싶었다. 세관은 모든 수출입화물이 드나드는 통로다. 따라서 개별 물품의 수출입을 규제하는 모든 정부기관의 합동창구이기도 하다. 통관은 또한 항만이나 공항과 같이 물류시설을 관장하는 다른 부처의 업무와도 직결된다. 하드웨어로서의 물류시설과 소프트웨어로서의 통관절차가 상호보완적일 때 물류흐름이 보다 원활해질 수 있기 때문이다.

통관절차상에 불편이 생기거나 물류에 왜곡이 발생하면 통로를 맡은 세관의 적극적인 역할이 필요해진다. 정부 각 기관에서 특정 물품의 흐름을 제한하는 정책적 목적도 중요하지만 이를 일정한 기준에 따라 종합적으로 검토할 수 있어야 하기 때문이다. 그러나 과연 관세청이나 세관에 그것을 '우리 일'로 적극적으로 인식하고 있었는지에 대해서는 의문이었다.

결국 관세행정 조직을 생동감 있는 조직으로 탈바꿈시키기 위해서는 무엇보다 이 모든 것을 해소할 수 있는 새로운 비전을 제시할 필요가 있었다.

그것은 우리가 당면하고 있는 환경의 변화에 적극 대처하여 동북아물류중심 실현을 뒷받침하기 위한 관세청의 새로운 목표 설정작업이기도 한 것이었다.

일류와 초일류

주변을 돌아보면 세계화와 개방화의 거센 물결 속에 기업과 기업, 국가와 국가간 생존을 건 무한경쟁이 점점 격화되고 있다. 환경 변화에 특히 민감한 기업 입장에서는 '앞으로 무엇으로 먹고 살 것인가'에 관한 문제가 CEO들의 최대 관심거리다. 기업마다 '초일류기업' 또는 '초일류경영'을 표방하고 있다. 과거에는 일류만 되어도 살아

남을 수 있었으나 이제 초일류가 아니고서는 생존을 보장받을 수 없는 냉혹한 시대가 된 것이다.

초일류라 하면 모든 분야에서 으뜸이 되어야 하는 것으로 생각될 수 있다. 그렇게만 된다면 더 바랄 일이 없겠으나 이는 현실적으로 꼭 바람직하거나 실현가능한 것이 아니다. 따라서 기업이나 정부조직이나 바로 핵심분야에서 최고의 업적을 실현할 수 있다면 일단 초일류라고 해야 할 것이다.

이를 위해서는 기업은 최고의 이익을 추구하여야 하고, 행정기관은 업무 효율성을 확대하여 고객 만족도를 최고로 실현해 내야 한다. 이를 위해서는 두말할 것도 없이 기업은 CEO와 조직구성원 간에 이와 같은 핵심가치(core value)를 공유하고 모든 인적자원과 물적자원을 가장 효율적으로 동원하여 최고 품질의 제품이나 서비스를 생산·판매하고 기업 내부적으로는 비효율을 최소화하여 최고의 이익을 실현해 내야 초일류가 될 수 있다.

정부기관도 초일류가 되기 위해서는 그 조직의 핵심가치 또는 비전을 CEO와 구성원이 공유하고 모든 역량을 이곳에 집중하여 그 서비스의 질과 고객만족도를 최고수준으로 제고해야 초일류기관이라고 할 수 있다.

미래에는 정부기관도 그 서비스의 질을 제고하여 고객만족을 시키지 못하면 도태할 수 있고, 또 도태되어야 한다고 생각한다. 이와 같은 인식 하에서 관세행정 서비스도 새로워져야 한다.

점점 격화되는 국가간 경쟁, 동북아 중심을 표방한 신정부의 국정

과제, 여기에 국가간 물적, 인적 교류의 접점에 위치한 세관의 역할
과 기능이 새롭게 자리매김을 해야 한다. 이것이 '초일류세관' 만들
기를 추진해야 할 당위성이었다.

무엇을 어떻게 할 것인가

폭포효과와 나비효과

물을 높은 곳에서 쏟아 부으면 폭포처럼 자연스럽게 아래로 흘러 내려간다. 상품에 대한 평판을 주도하는 오피니언 리더들을 대상으로 한 전략적 마케팅기법의 하나가 바로 폭포효과(Cascade Effect)다.

북경에서 펄럭인 나비의 미약한 날개 짓이 멀리 뉴욕에서 폭풍을 발생시킬 수 있다. 처음에는 어느 기상학자가 생각해낸 원리이지만 물리학분야에서 카오스이론의 토대가 됐다. 나비효과(Butterfly Effect)는 최초의 작은 계기가 엄청난 결과를 초래할 수 있음을 의미 한다.

변화가 필요한 관세청 조직에 그러한 마인드, 그러한 효과가 빠른

속도로 전 직원에게 확산될 수는 없을까? 우선 변화를 위한 메시지가 필요했다. 관세청과 그 산하세관의 지휘관이자 오피니언 리더격인 간부들의 인식을 전환시킬 필요가 있었다. 그래서 먼저 2003년 4월 말부터 5월 초에 두 번에 걸쳐 간부연찬회를 개최했다. 관세청장 취임이후 처음으로 본청의 과장급 이상과 전국의 세관장이 함께 모인 자리였다.

연찬회에서 참여정부의 '동북아물류중심 프로젝트'에 있어 세관의 적극적인 역할을 당부했다. 세관이 국제물류의 접점에 위치하고 있다는 사실은 '동북아물류중심' 실현과 관련된 다른 정부기관에 대한 비교우위라는 점, 공항만 시설의 확충에는 비용과 시간이 소요되지만 관세청에서 할 수 있는 일은 소프트웨어를 바꾸어주는 것으로 훨씬 저렴하면서 보다 빨리 가시적인 성과에 도달할 수 있다는 점 등을 특별히 강조했다.

따라서 먼저 우리나라가 물류중심지(Logistics Hub)가 되기 위해 꼭 필요한 중추 공항만으로서 이용자들의 불편함은 없는지, 우리가 불필요한 제도를 요구하고 있지는 않는지를 전반적으로 짚어볼 것을 주문했다. 또한 세계적인 물류중심지와 비교하여 지금보다 개선할 점은 없는지를 깊이 연구하고 고민해야 할 때임도 강조했다. 이를 구체적으로 '초일류세관 추진'이란 용어에 담아 제시한 것이다.

처음에는 '관세행정쇄신' 또는 '관세행정혁신'이라는 제목도 생각했지만 지향하는 목표를 보다 뚜렷이 하고 기업 경영마인드를 고취하기 위해 '초일류세관'이라는 용어를 선택했다. 일부 간부들은

"너무 튀는 것 아니냐"는 우려도 제기했지만 그냥 밀어 부치기로 했다.

변화가 필요한 조직엔 CEO의 비전제시가 중요한 역할을 한다. 새로운 비전은 폭포수처럼 위에서부터 아래로 쏟아져 내려가는 Top-down 방식이 효과적이다. 그러나 제시된 비전은 널리 확산되어 다시 Bottom-up 방식으로 구체화되고 실천돼야 한다.

물론 여기에는 자발적 참여가 절대적 필요조건이다. 관세업무에 아직 깊이 파고들지 못한 상태에서 한 나의 제안이 뉴욕에서의 폭풍으로 되어 나타날지, 부산항을 떠나 대한해협을 넘기도 전에 찻잔 속의 태풍으로 잦아들지 그 결과는 아직 예측할 수 없었다.

명망가와 전문가 - 초일류세관 추진위원회

연찬회에서는 비전을 제시하였으나 '초일류세관'이라는 이 비전을 구체화하기 위해서 추진체계를 먼저 구축할 필요가 있었다. 새로운 과제들을 발굴하고 추진해 나갈 조직은 당연히 관세청에 설치되는 실무추진기구일 수밖에 없었다. 누가 나를 가장 잘 도와줄 수 있는 사람들인가? 초일류세관 프로젝트를 성공적으로 추진하기 위해 가장 적합한 인물 위주로 새로운 간부진을 짰다. 부임 2개월 만에 관세청 과장급 이상 간부들을 재구성한 것이다. 그러나 그것만으로는 왠지 부족했다. 실무적 차원의 과제들을 '동북아물류중심' 실현이라는 국가 전략적 차원에서 평가하고 새로운 방향을 제시하거나, 고객의 목소리를 담아내는 상위기구가 필요했다. 이를 위해 '초일류세관 추진위원회'를 구성하기로 했다.

다양한 이해관계를 반영하기 위해 위원회를 민간부문 위주로 구성해야 할 필요가 있었다. 이해관계에는 직능단체나 사업자단체에서 주장하는 개별적 이익은 물론 국민이나 소비자 관점에서의 공익까지 고려할 필요가 있었다. 이러한 민간부문 원칙에 따라 위원회의 현직 관료는 관세청의 청장과 차장, 그리고 재정경제부의 관세심의관만을 참여시켰다.

민간위원들을 구성함에 있어서도 명망가 중심으로 할 것인지 전문가를 중심으로 할 것인지를 한참 고민했다. 명망가 중심으로 한다면 관세행정 혁신방안에 대한 사회적 관심을 제고하고 홍보효과 또한 높을 것이다. 그러나 관세 및 무역에 관한 경험 부족은 혁신과제에 대한 깊이 있는 심의가 곤란하다는 단점이 있었다. 전문가 중심으로 한다면 심도 있는 심의는 가능할 것이나 자칫 시야가 좁아질 우려가 있었다. 결국 양자를 절충하기로 했다.

명망가 그룹에는 시민단체, 언론계와 법조계에서 추천을 받거나 개인적으로 부탁하여 일곱 분이 도와주기로 했다. 산업계나 학계에서는 관세행정이나 무역과 관련있는 직무를 담당하거나 경험이 있는 분들 중에서 위촉했다. 경제단체와 직능단체에서 여덟 분, 학계와 연구단체에서 아홉 분이 포함됐다.

또 국제물류와 관계 깊은 관세행정의 특성상 외국인도 포함하면 좋을 것 같았다. 참여하는 분에게는 우리 관세행정에 대한 이해를 높일 수 있는 기회가 될 것이고, 관세청은 외국인을 상대로 효과적인 홍보를 할 수 있다는 점에서 윈·윈(Win-Win) 효과가 있을 것으로 생각했다. 마침 주한미국상공회의소(AMCHAM) 제프리 존스(Jeffery D. Jones) 명예회장이 수락해 주었다.

마지막으로 위원장을 누구로 모실 것인지가 문제였다. 명망도 있고 전문성도 겸비한 분이면 더욱 좋을 것으로 보았다. 대외경제정책연구원의 안충영 원장께 부탁을 하자 흔쾌히 수락해 주었다.

이렇게 해서 총 28명의 명망가와 전문가로 구성된 '초일류세관 추진위원회'가 구성됐다.

억세게 운이 없는 사람들 - 초일류세관 추진기획단

조직생활을 하다보면 운 좋게 어려운 일을 피해서 다니는 사람이 있는가 하면 운이 없어 내리 쏟아지는 폭우를 고스란히 맞고 사는 사람도 있다. 한번 맞아 본 사람이 계속 맞게 되는 경우도 있다. 초일류세관 추진과 관련된 부서에서 일하게 된 사람들은 시쳇말로 '억세게도 운이 없는 사람들'이었다고 할만 하겠다. 능력이 출중한 사람들을 위주로 선발한 것이긴 하나 당사자들로서는 밤 낮 없이 일해야 하는 입장이었으니 말이다. 사실 초일류세관 추진위원회의 인적 구성이 완료되기 전인 2003년 4월 말부터 일부 '운 없는 사람'들에게 '초일류세관 만들기'의 실무작업을 진행시키고 있었다.

이제 어떤 분야를 초일류화 할 것인가하는 것이 문제였다. 모든 분야를 포괄하려는 욕심도 있었으나 자칫 초점이 흐려질 우려가 있었다. 국정과제와도 맥이 닿아야 했다. 국제적인 관세행정 추세도 반영해야 했다. 그리고 무엇보다 3S로 시작된 업무행태나 관행의 지속적 개선도 필요한 것이었다. 또한 관세청 캐치프레이즈인 안전(Safe), 친절·정확(Smart), 신속(Swift)과도 접목시킬 필요가 있었다. 이와 같은 여러 목적을 동시에 달성할 수 있도록 4개의 실무추진팀을 구성했다.

먼저 '동북아물류중심' 실현을 뒷받침할 과제들을 개발하기로 했다. 여기에는 물류흐름이나 여행자흐름의 원활화에서부터 관세행정 고객인 기업들의 수요를 담아내는 작업을 맡겼다. 이들은 '동북아물류팀'으로 불렀다. 물류의 신속화와 정확화를 위한 팀이다.

물류신속화도 중요하지만 사회안전의 확보도 중요한 관세행정의 과제이다. 미국에 대한 9.11테러 이후 관세행정에서 사회안전에 대한 관심은 날로 증대되어 왔다. 우리나라의 경우 공항에 비해 항만에서의 안전확보 업무가 상대적으로 취약했다. 따라서 항만에서의 안전확보 업무를 획기적으로 향상시킬 '항만감시 선진화팀'을 만들었다.

정보화는 관세행정의 대표적 전략분야이다. 인터넷 정보기술의 급속한 발전도 수용할 필요가 있었다. 특히 참여정부의 '전자정부 추진전략'과도 부합됐다. 이를 위해 '정보 시스템 고도화팀'이 만들어졌다.

마지막으로 '업무쇄신팀'을 구축했다. 앞의 3개팀이 관세행정 고유 업무와 관련이 있다면, 업무쇄신팀은 조직문화의 개선에 중점을 두었다. 이들 네 개의 팀을 하나로 묶어 관세청차장을 단장으로 하는 '초일류세관 추진기획단'을 구성했다.

한 가지, 관세행정 핵심 업무영역 중 하나인 밀수나 마약, 외환과 관련된 조사분야는 제외했다. 조사분야는 시스템이나 제도를 바꿀 여지가 많지 않았다. 다만 조사의 중점방향을 재정립시킬 필요는 있었다. 이것은 그보다 다소 뒤인 2003년 하반기에 구성된 '반사회적 조직밀수·외환사범 특별조사반'을 통해 실현했다.

동북아물류중심, 초일류세관

2003년 5월 26일. 제1차 초일류세관추진위원회를 개최하기로 했다. 전체적 방향을 설정하고 구체적으로 무엇을 할 것인가에 대한 청사진을 만들어야 했다. 새롭게 짜여진 추진기획단에게 남은 기간은 20일. 이전의 실무팀에서 검토한 시간까지 합하면 약 30일간의 작업이었다.

초일류세관추진기획단을 중심으로 중점추진과제들을 선정하기 시작했다. 각 추진팀별로 선정한 과제들을 모아보니 무려 128개나 됐다. 이들 과제를 두고 기획단 전체회의를 통해 재분류작업을 했다. 유사한 과제들을 통합하여 보다 큰 과제로 개편하고, 시의성이 없거나 효과가 미미한 것들을 제외시켰다. 이 과정을 통해 128개 과제는 74개로 압축됐다.

과제들의 선정도 중요했지만 방향을 어떻게 잡는가 하는 문제는 더욱 중요했다. 초일류세관추진기획단의 선임격인 동북아물류팀에서 전체적 방향을 잡아갔다. 이러한 일련의 작업을 통해 초일류세관 추진전략의 기본구도가 잡혀가기 시작했다. 마침내 네 개의 큰 주제별로 정리가 된 것이다.

세 개는 일 중심의 과제였다. 동북아 물류중심 실현을 위한 통관행정 혁신, 이를 뒷받침하기 위한 소프트웨어로서 정보 시스템 고도화를 통한 전자무역체계의 완성, 그리고 물류흐름을 저해하지 않으면서도 테러 등 사회안전을 위협하는 요인을 감시하기 위한 하드웨어로서의 최첨단 과학적 종합감시체제 구축이었다. 나머지 하나는 초일류세관 시스템 구축을 위한 업무쇄신전략, 즉 조직문화의 혁신을 통한 인적 역량(Man power)의 강화였다. 이리하여 일명 '3+1전략'을 마련했다.

일을 추진하면서 이왕이면 근사한 캐치프레이즈도 필요하다고 보았다. 논의 끝에 초일류세관 추진전략을 하나로 표현한 '동북아물류중심, 초일류세관'으로 정했다. 이때까지도 추진할 과제들은 아직 최종 확정을 하지 못한 상태였다. 그것은 초일류세관추진위원회의 심의를 거쳐 확정하기로 했기 때문이었다.

추진과제를 확정할 수 없었던 또 다른 이유가 있었다. 중요한 과제 중의 과제가 동북아물류중심의 실현과 직결된 것이었지만 실무적으로 검토된 것은 그야말로 아이디어일 뿐이었다. 제대로 된 과제를 만들기 위해서는 국제물류중심지와 우리의 현실에 대한 치밀한 비교와 검토가 필요했다. 국제물류중심지를 벤치마킹할 필요가 있었다. 그러나 시간적 여유가 없었다. 위원회를 열기로 한 5월 26일이 다가왔기 때문이다. 결국 물류중심지 벤치마킹은 제 1차 위원회를 마친 후에 실시하기로 했다. 실로 숨 가쁘게 돌아간 1개월이었다.

제1차 초일류세관추진위원회 회의

대외경제정책연구원 안충영 원장의 사회로 진행된 제 1차 위원회는 성공적이었다. 대체로 전체적 방향에 대해서는 위원들 모두 공감하는 취지였고 많은 위원들이 각 분야별로 조언을 아끼지 않았다. 이 정도의 공감대 속에 출발한 것이라면 성공적이라 평해도 큰 무리는 아닐성 싶었다.

무역업체들은 여러 정부기관에 제출하고 있는 수출입통관과 관련된 서류를 세관에 한번만 제출하면 모든 절차가 완료되는 '통관단일창구(Single Window)' 의 조속한 구현을 희망했다. 아울러 일본에 비해 해상수입화물의 처리가 훨씬 많이 지연되고 있음을 예로 들며 각종 법률에서 제한하고 있는 통관단계에서의 규제들을 심도있게 검토하여 개선해 줄 것을 요청했다.

구체적이고 명확한 목표설정을 주문하는 견해도 많았다. 예컨대

'공항에서의 여행자 통관소요시간을 얼마에서 얼마로 단축하겠다', '물류지체시간을 며칠에서 며칠로 줄이겠다' 등의 수량적인 목표를 정하고 이를 모든 관세공무원이 체계적으로 실현할 수 있는 방안을 강구해줄 것을 제안한 것이다.

동북아 물류중심을 위한 세계적 물류메이저의 아시아 지역본부 유치를 위한 연구와 노력이 강조되기도 했다. 물류경쟁력의 제고를 위한 물류정보 시스템은 수출입업체의 수용환경이 국내물류업체에 비해 양호하므로 무역분야에서 먼저 도입하여 이를 국내물류분야로 확산시키는 전략이 필요하다는 의견도 제시됐다.

통관의 신속성도 중요하나 수출입업체가 세관에 제출하는 신고의 성실성 여부가 문제될 수 있으므로 업체의 자발적 법규준수를 전제로 한 세무조사(사후심사)제도의 개선이 중요하고 자율신고수준을 높이기 위한 법제화를 요청하기도 했다.

간부들만에 의한 이해와 노력만으로는 부족하고 전 직원이 공감할 수 있도록 지표를 관리하고 의식을 고취할 필요성이 있음이 지적되기도 했다. 특히 고객 중심으로 업무프로세스를 바꾸는 구체적 노력과 함께 부서별로 고객관리자(Client Officer)를 지정하여 업무프로세스를 개선하고 이를 언제까지 달성해낼 것인가를 구체적으로 실천할 수 있는 시스템을 주문하기도 했다.

많은 위원들은 물류시간 단축이나 규제축소는 관세청 단독의 문제라기보다 여러 부처의 이해가 혼재되고 민간업체 사이에도 이해가 상충될 수 있는 문제이므로 원활한 이해조정이 무엇보다 중요함을

> 동북아물류중심 국가는 세관이 국가간 물류 흐름의 접점에 있으므로 관세행정의 투명화, 신속화, 전산화 개념 속에서 가능.
>
> 안충영 대외경제정책연구원장

> 무역업자가 수출입 관련자료를 한번만 제출함으로써 모든 절차가 완료될 수 있는 단일창구 시스템의 조속한 구현이 중요.
>
> 이석영 한국무역협회 부회장

> 부산에서 하역한 화물이라도 내륙운송할 때 별다른 절차 없이 바로 선박에서 운송할 수 있도록 개선방안을 마련하여야 함.
>
> 박찬재 한국선주협회 전무

> 현재는 순수한 세관에서의 절차보다 검역이나 식품검사 등 다른 부처의 업무수행 상 필요한 절차로 인해 수출입업자의 어려움이 많다. 타 부처의 협조를 받아 이러한 문제들을 개선해야…
>
> Jeffrey D. Jones 암참 명예회장

> 수출입업자, 여행자 등 고객이 생각하는 것을 반영하는 고객중심의 업무 프로세스로 바꾸는 구체적 노력이 요망.
>
> 박정택 대전대학교 교수

> 소비자 입장에서는 안전을 담보할 수 없는 수입물품의 유통에 많은 관심을 갖고 있는 만큼 종합감시 시스템이 구축되어야…
>
> 강정화 한국소비자연맹 사무총장

지적했다.

전문가들이 모인 자리에서 한 두 시간 정도의 짧은 회의로는 충분히 논의하기가 어려우므로 관세청 홈페이지를 활용하여 전용 토론방을 만들자는 의견도 제시됐다.

이후 초일류세관추진위원회는 2004년 말까지 총 다섯번에 걸쳐 개최됐다. 그때마다 사회를 본 안충영 원장은 항상 참석한 위원들에게 '밥값은 하고 가라'고 농을 하였는데 매번 열띤 토론과 의견개진으로 그야말로 '밥값이 아깝지 않다'는 생각이 들게 한 회의였다.

21세기 신사유람단(紳士遊覽團) - 물류허브를 가다

누군가 운송을 문명이라 했다. 그만큼 물류의 중요성을 강조한 말로 생각된다. 초일류세관을 구상하면서 물류허브에 관한 생각이 머리를 떠나지 않았다. 아니, 어쩌면 물류허브에 대한 생각이 초일류세관이라는 개념을 구상하는 계기가 됐다고 하는 것이 보다 정확한 표현일 것이다. 지금은 상하이와 선전항에 자리를 내주고 말았지만 2002년 기준으로 부산항은 세계 3위의 컨테이너 처리항이었다. 개항 2년 만에 인천공항은 항공화물 처리량에 있어 171만 톤으로 세계 4위로 올라선 바 있다.

물류는 다양한 부가가치와 고용을 창출한다. 특히 국제물류허브의 구축에 있어 빠져서는 안 될 것이 환적화물의 유치다. 부산항과 인천공항을 국제물류 중심지로 육성하기 위해서 관세청이 할 일은 무엇인가?

우선 경쟁상대를 정확히 알아야 했다. 벤치마킹이다. 어디를 갈 것인가는 자명했다. 세계 최대의 화물처리량을 자랑하는 로테르담, 컨테이너 처리 1, 2위항인 홍콩과 싱가포르, 그리고 부산항의 경쟁상대로 턱밑까지 쫓아온 상하이항을 선택했다.

마침 벤치마킹을 하고자 하는 항만 인근에는 세계유수의 공항까지 겸비되어 있었다. 여객처리에 있어 세계 3위, 5위, 6위의 공항이 네덜란드의 스키폴, 홍콩의 첵랍콕, 싱가포르의 창이였다. 네덜란드의 스키폴은 환승율 세계 1위를 자랑하고 있었다. 명실상부한 허브공항이었다. 항공화물 처리 세계 1위, 5위, 19위의 공항이 첵랍콕, 창이, 푸동이었다. 항만과 공항을 모두 갖추었다는 점에서 우리의 인천과 비슷한 환경이다.

무엇이 이들 공항만에 화물과 사람을 몰려들게 하는가? 책에서 보거나 듣는 말로는 부족하다. 백문(百聞)보다 좋은 것이 일견(一見)이라고 했던가? 물류중심지를 직접 확인시키는 작업이 필요하다고 보았다. 동북아물류팀을 중심으로 벤치마킹 팀을 구성했다.

벤치마킹을 하기 위해서는 관세청 직원들만 보고 오는 것은 효과가 적을 것이다. 무언가 시스템을 바꾸기 위해서는 관련기관을 동참시킬 필요가 있었다. 그래서 재정경제부, 대외경제정책연구원 등과 함께 합동조사팀을 구성했다. 이렇게 해서 2차례에 걸쳐 일주일간씩 선진물류(先進物流)라는 문명(文明)을 배우기 위한 21세기 신사유람단(紳士遊覽團)이 물류중심지로 향했다. 이들 선진세관을 견학한 우리 직원들은 이들 세관의 우수한 시스템과 서비스 수준을 보고 큰 충격을 받았다고 한다.

초일류세관 추진전략은 무엇인가

173명이 함께 한 작업

시간이 가면서 초일류세관 추진과제들이 정립되기 시작했다. 물론 제1차 초일류세관추진위원회에서 논의된 내용과 물류중심지에 대한 벤치마킹 결과를 충실히 반영했다. 그때까지 제시된 과제는 약 70여 개로 압축됐으나 그것은 어디까지나 관세청 직원들의 아이디어였다. 여기에 민간부문의 의견을 더 반영할 필요는 없을까? 각 추진팀별로 민간부문의 실무적인 자문을 구할 수 있으면 더할 나위 없이 좋다는 생각이 들었다.

이렇게 해서 각 추진팀별로 '실무자문위원회'를 구성했다. 동북아 물류팀에는 경제단체, 항공사와 선사 등 과제들과 직접 이해관계를 갖는 민간부문의 실무자급이 참여했다. 정부부처나 업체의 이해와 직접 관계됐던 다른 팀과 달리 순수한 내부효율화의 문제를 다루던 업무쇄신팀에도 한국능률협회나 한국생산성본부 등과 같은 민간부문의 전문가들이 참여하게 됐다.

물론 선정된 과제들을 실제로 추진해야 하거나 현장에서 수용해야 할 관세청직원과 세관직원들도 포함시켰다. 4개 팀에서 총 55명의 실무 자문위원들이 위촉되어 그때까지 선정된 과제들을 면밀히 검토하기 시작했다. 추진기획단 전체회의도 다섯 번이나 개최됐다.

관세청이 생긴 1970년 이후 가장 커다란 작업이라고 불린 초일류세관 추진 프로젝트. 그 추진과제들이 60개로 압축된 것은 2003년 7월 중순경이었다. 초일류세관추진위원회 위원이 28명, 민관합동 자문위원 55명, 그리고 담당 국·과장과 사무관 이하 실무자들을 합쳐 90명, 도합 173명이 참여했다.

'초일류세관 추진전략'을 확정하다

초일류세관 추진 60대 혁신과제는 2003년 7월 15일 개최된 제 2차 초일류세관추진위원회의 심의를 거쳐 최종 확정됐다.

초일류세관 추진전략을 초일류세관추진위원회에 상정하자 위원들은 회의자료 자체가 지금까지 다른 부처에서 소집하는 회의에서 보아왔던 자료와는 달리 상당히 파격적이라는 반응이었다.

무엇보다 이 많은 과제들을 예정된 3년 내에 정말 해낼 수 있을까 반신반의하는 반응들이었다.

그러나 가능하면 목표는 높게 잡아야 한다. 목표가 높으면 낮은 것보다 결과에 있어 대부분 보다 나은 상태가 실현되기 때문이다. 또한 시간이 걸리는 장기과제와 함께 성과가 곧 가시화될 수 있는 단기과제를 적절히 안배하여야 한다. 장기과제만 나열하면 그것을 추진하다 성과는 보이질 않고 오히려 피로감만 줄 우려가 있기 때문이다.

단기과제건 장기과제건 추진하는 과정과 단계에서 스스로를 끊임없이 돌아보고 확인해 볼 수 있는 계량화된 개선목표치(Numerical Target)의 제시도 중요한 것이다.

초일류세관은 신속한 물류흐름 속에 사회안전을 확보하고, 국제경쟁력 있는 시스템을 구축함으로써 일류보다 한발 앞서나가는 것을 목표로 한다.

초일류세관 추진과제의 가장 대표적인 목표는 입항에서부터 반출까지 물류단계별 흐름을 적어도 경쟁국 수준 이상으로 신속히 하는 것이다. 초일류세관 추진 직전 년도인 2002년을 기준으로 우리나라의 경우 입항에서 반출까지 화물처리 시간이 9.6일인 것으로 조사됐다. 그래서 일단 그것을 절반수준인 5일로 줄일 것을 목표로 삼았다.

물류지체를 놔두고서 물류허브를 구축한다는 것 자체가 무의미했기 때문이다. 아울러 여행자가 입국하여 짐을 찾기까지 걸리는 시간도 40분에서 25분 수준으로 단축시키기로 했다.

물류허브에서 중요한 환적화물의 유치를 위해 경쟁국 수준으로 환적절차를 간소화하고 특히 해상과 항공을 연계하는 'Sea & Air 형태'의 환적화물 일괄처리 시스템도 도입하기로 했다.

세관에 신고하기에 앞서 수출입업체들이 사전에 갖추어야 할 개별 법령상의 수출입제한 사항들도 대폭 정비하기로 했다. 2002년 말 기준으로 우리나라 개별 법령에서 제한하고 있던 사항은 수출제한이 848개, 수입제한이 3,962개로 총 4,810개에 달했다. 이를 4,000개 이하로 대폭 줄이기로 한 것이다.

또한 기업의 생산이나 수요에 긴급히 부응하여 항공으로 운송되는 DHL과 같은 특급탁송화물에 대해서는 24시간 통관지원체제를 갖추기로 했다. 메이저급 물류업체의 국내유치를 위해서는 무엇보다 이들이 보다 편리하게 영업할 수 있는 환경을 조성해 주어야 할 필요가 있었다.

아울러 기업편의를 위해 세금징수와 관련된 심사제도를 개선하기로 했다. 지금까지는 기업이 관세를 정상보다 부족하게 납부한 경우 세관에서 일방적으로 추징하고, 여기에 가산세까지 부과하곤 했다.

이를 개선하여 업체 스스로가 부족 납세여부를 확인하고 자율적으로 가산세 부담없이 정정할 수 있는 자율심사제를 도입하기로 한 것이다.

통관·정보관리 시스템과 관련하여, 먼저 최근 눈부신 속도로 급성장하고 있는 인터넷기술을 통관 시스템에 접목시켜 수요자가 언제 어디서나 수출입신고를 할 수 있도록 '인터넷 통관 시스템'을 구축하기로 했다. 또 한번의 신고로 세관뿐만 아니라 동식물 검역소나 식품의약품안전청 등 모든 수출입 관련기관에 대한 신고까지 일괄 처리하는 싱글윈도우를 구축하기로 했다.

물류신속과 함께 점증하는 테러위협에 효과적으로 대처하기 위해 인력위주, 초소위주의 재래식 감시체제는 CCTV 등을 활용한 첨단 종합감시체제로 전환키로 했다. 아울러 민자부두 운영인 등 민간부문과의 파트너십을 강화하여 자율감시체제를 확립하기로 했다.

마지막으로 업무슬림화, 전문화 및 봉사위주의 관세행정을 모토로 하는 3S 운동을 지속적으로 수행함으로써 경쟁력있는 세관문화를 정착시켜 나가기로 했다.

이렇게 그려진 초일류세관 추진전략은 물류의 흐름을 경쟁국 수준 이상으로 신속하게 하면서 국제범죄로부터 우리 사회의 안전을 확보하는 것이다. 아울러 내부업무를 효율화하여 경쟁력있는 서비스를 제공하고자 하는 것이다.

가장 무서운 것은 조직내부의 냉소주의

초일류세관 추진전략이 확정되어 공표되자 세관이 술렁이기 시작했다.

대체 어떤 내용들이 포함됐나 하는 지극히 소박한 관심에서부터 신임 청장이 또 한 건 하려 한다는 냉소주의에다 무관심까지 세관의 반응은 다양하게 나왔다. 이런 냉소주의와 무관심은 중요한 문제이다. 아무리 좋은 정책도 그것을 집행하는 단계에서 먹혀들어가지 않는다면 공염불에 불과하기 때문이다.

- "제발 이제 그만 좀 흔들어라. 어지럽다."
- "관세청은 너무 앞서서 탈이라 생각했는데, 초일류는 또 뭐냐?"
- "해도 해도 너무한다. 저 수많은 과제를 과연 해낼 지 두고 볼 일이다."
- "IMF이후 일거리는 배 이상 늘어난 것 같은데 인원은 300명 줄었다. 이 인원으로 초일류세관을 달성하는 것은 무리다."
- "이번 청장님이 초일류를 추진하면, 다음 청장님은 초초일류를 추진해야 하나?"
- "아무 고민 없었던 옛 선배들이 좋았지. 과장도 힘들어 못해 먹겠다."
- "과거 정부에서도 개혁과 혁신을 외쳤지만 다 실패했어. 이번에도 마찬가지야."
- "「초일류 세관」 만드느라 직원들은 「초죽음」인 상황이다."

따라서 얼마만큼 동조자를 규합하는가가 이제 초일류세관 추진전략이 성공할 수 있는지 여부를 판가름할 관건으로 파악됐다. 이를 위해서는 마인드를 확산시킬 필요가 있었다.

우선 청장을 비롯하여 핵심간부들이 전국세관을 순회하며 설명회와 토론회에 나섰다. 이 과정에서 초일류세관 추진전략이 나올 수밖에 없었던 이유와 무엇을 해야 할 것인지를 다각도로 설명했다.

한편으로 핵심 추진세력 확대를 위해 초일류세관추진기획단을 재구성하기로 했다. 종전의 기획단이 공식조직을 중심으로 한 것이라면 새로운 기획단에는 비공식조직이 망라될 필요가 있었다.

우선 여러 분야의 전문요원 그룹이 있었다. 자생적으로 생겨나 활발하게 연구활동을 하는 우수한 연구모임도 있었다. 업무추진실적이 뛰어나서 매달 영광스런 '이달의 관세인'으로 선정됐으나 뚜렷한 구심점으로 엮어지지 아니한 사람들도 있었다. 그리고 바로 한 두달 전에 젊고 유능한 사무관 위주로 조직한 '주니어 보드'도 있었다.

공식조직과 비공식조직이 합쳐지자 추진조직이 보다 짜임새 있게 갖춰졌다. 이들 비공식조직의 원활한 활동을 지원하기 위해 관세청 내부 전산망인 인트라넷에 20개의 토론방을 구축하고 모임에 소요되는 실비를 본 예산에서 지원하기 시작했다.

산하세관에도 변화를 주도할 사람들, 즉 변화의 에이전트가 필요했다. 서울, 인천공항, 부산, 인천, 대구, 광주 등 6개 본부세관별로 업무혁신 T/F팀이 구성됐다. 본부세관이 나서자 일선세관에도 T/F팀이 구성되기 시작했다. 물론 본부세관의 T/F팀이 자유롭게 의견을 개진하고 교환할 수 있는 인터넷 토론방도 개설했다.

많은 직원들이 초일류세관추진기획단에 포함되면서 초일류세관 추진에 대한 인식이 급속도로 변화하기 시작했다. 공식·비공식 자리에서 이에 대한 활발한 토론이 이루어지고, 이러한 과정을 통해 세관에 퍼져있던 무관심과 냉소주의의 벽이 차츰 엷어져 갔다.

그러나 수년간에 걸쳐 몸에 밴 직원들의 냉소적 분위기는 한순간에 극복할 수 있는 것이 아니었다. 돌을 하나하나 정성스럽게 쌓아 올라가면 어느 순간 돌탑이 완성되듯 차근차근 풀어나갈 일이었다.

수요자에게 알려라

세관의 냉소주의와 무관심을 극복하는 것과 함께 수요자인 고객에게 설명하는 일도 중요했다. 앞으로 나아갈 관세행정의 방향을 알리고 지지기반을 확보할 필요가 있었다. 세부과제들을 보다 효율적으로 추진하기 위해 다양한 의견들을 수렴할 필요도 있었다.

> ### 외부의 시선
>
> 처음 동북아 물류중심을 놓고 구상을 해보니 세관 통관과정은 많이 개선되어 있었다. 하지만 하역이라든지 창고보관문제 등 민간기업과 얽혀있는 분야가 물류 흐름을 막고 있어 관세청만 독자적으로 해서 이뤄질 일이 아니었다. 차근차근 그림을 그려나가면서 관계기관과 지역별, 일선 세관별로 설명회를 개최해 우리의 의지를 알렸다. 그러나 한결같은 반응은 '관세청이 또 이벤트 하느냐'는 것이었다.
>
> 관세청 L서기관

서울 등 6개 본부세관을 순회하면서 가진 설명회에는 무역협회나 관세사 등 수요자들도 참여했지만 주요 도시에 국한하지 않고 전국적으로 확산시킬 필요가 있었다. 울산, 수원, 창원 등 관세행정 고객들이 밀집한 주요 산업단지를 찾아가기 시작했다.

전국 43개 도시에 산재한 세관 및 출장소에 대한 관세청장의 세관 순방도 요긴하게 활용했다. 수요가 있으면 공급이 따라가듯 세관이 설치되어 있는 도시에는 수출입업체가 밀집해 있기 마련이다. 세관마다 수요자인 수출입업체의 특성도 각각 달랐다. 따라서 일선세관을 방문할 때에는 수요자의 특성에 맞는 세관 자체의 초일류세관 추진과제들을 발굴해서 시행하도록 강조했다.

수요자뿐만 아니라 국정과제를 총괄하는 청와대나 국무총리실, 그리고 재정경제부 등 관련기관에 대한 홍보도 중요하다고 보았다. 관련기관의 관심과 지원은 중요한 추진동력이기 때문이다. 이 시기 몇 개월간 관세청 간부들이 이들 주요기관을 방문하여 관련 업무를 설명한 횟수는 최근 3년 동안의 그것보다 훨씬 더 많았다고 한다.

오프라인(Off-line) 홍보 외에 온라인(On-line) 홍보도 대폭 강화했다. 특히 초일류세관추진위원들만 접근할 수 있었던 홈페이지의 초일류세관 추진 토론방을 누구라도 방문하여 의견을 피력할 수 있는 개방형으로 바꾸었다.

좋은 정책을 개발하여 시행하는 것도 중요하지만 홍보가 역시 중요하다. 아무리 좋은 정책도 국민이 제대로 알아주고 고객이 수용하지 않으면 효과를 볼 수 없기 때문이다. 이러한 점을 고려하여 초일류세관 추진전략은 처음부터 적극적인 홍보를 염두에 두고 진행시켜 왔다.

얽히고 설킨 통관규제, 국정토론회가 기회다

첨예하게 대립되어 있는 이해관계를 조정하는 일은 말만큼 그렇게 쉽지가 않다. 특히 권위적인 정부기관간의 이견조정은 정말 어렵다. 초일류세관추진위원들이 가장 우려하던 부분도 이러한 것이었다. 나 역시 초일류세관 추진에 있어 가장 어려운 일 중 하나는 통관단계에서 얽히고 설켜있는 사전규제들을 푸는 문제라는 생각이 들었다.

이즈음인 2003년 7월 31일부터 이틀간 대통령이 주재하는 장차관급 제2차 국정토론회가 열렸다. 이 토론회에서 정부업무혁신사례를 발표하는 기관 중 하나로 관세청이 선정됐다. 나는 이 기회를 적극 활용하기로 했다. 발표 주제는 초일류세관 혁신사례와 향후전략이었다. 여기에서 가장 역점을 둔 소재는 다른 정부부처의 협조가 꼭 필요한 통관단계에서의 세관장 확인대상품목의 축소와 통관단일창구(싱글윈도우) 구축이었다.

세관장 확인대상 품목이란 각 부처가 소관 법률상 일정한 수출입 요건을 정하고 있는 것 가운데 통관단계에서 세관장이 그 요건의 충족여부를 확인하도록 하고 있는 품목을 의미한다. 예를 들어 식품을 수입하기 위해서는 세관신고에 앞서 식품의약품안전청에 신고를 하여야 하는데, 이러한 신고수리여부를 통관단계에서 세관장이 확인하도록 한 것이다. 이러한 확인을 하게 되면 그만큼 통관은 지체되기 마련이다. 이러한 품목 수가 총 4,810개였고 관련된 기관만도 30개 이상이었다.

수출입업체가 신고하는 형식도 불편했다. 서류를 제출하여 관련기관의 승인을 받은 후 다시 세관에 전자문서(EDI)로 신고하여야 했다. 이를 해소하기 위해서는 통관단일창구가 필요하다. 즉 세관에 전자문서로 한번 신고를 하고 세관과 관련기관 간에 전산망을 연결하여 이를 한번에 처리할 수 있게 하는 시스템이다. 업체는 1회의 신고로 모든 대정부업무를 완료할 수 있게 되는 것이다. 이 역시 관련된 기관만도 30개가 됐다.

이날 국정토론회에서의 발표는 큰 성공을 거두었다. 최고 국정책임자의 관심도 이끌어 내었고, 다른 기관의 장차관도 상당한 관심을 보였던 것이다. 2004년 말 현재 세관장 확인대상품목 수가 종전에 비해 대폭 줄어들었고 싱글윈도우 구축을 위한 관련 기관간 협조도 비교적 순조롭게 진행되는 것은 이날 국정토론회의 발표에 힘입은 바가 컸다고 본다.

꿈의 현실화
초일류세관으로 다가가다

The government for the Best It's not a dream-anymore

제 1 장

신속과 안전

篇

화물처리 소요시간을 절반으로 단축하라

동북아 물류허브는 우리 손으로

항만 안전을 사수하라

범죄 조사도 초일류로

화물처리 소요시간을 절반으로 단축하라

우물 안의 개구리

초일류세관 추진전략에서 물류시간 단축은 핵심과제이다. 흔히 수입화물의 흐름은 선박의 입항 → 화물의 하역 → 보세구역으로 반입 → 수입신고 → 신고수리 → 물품반출로 이루어진다. 그동안 꾸준한 절차개선과 전산화로 수입의 경우 신고에서 수리까지 걸리는 시간은 평균 1시간 30분 수준이 됐다. 이는 국제기구인 유엔무역개발회의(UNCTAD)가 권장하는 4시간보다 훨씬 빠른 것이다. 수출의 경우에는 이보다 훨씬 빨라 수분대 이하이다.

그러나 세관에서의 통관을 포함하여 화물이 국내 입항한 다음 수입통관이 완료될 때까지는 평균 9.6일이 걸렸다. 이는 5일 이내인 물류 선진국에 비해 크게 뒤떨어지는 것이었다. 국내총생산(GDP) 대비 국가물류비 역시 12.4%로 미국의 9.5%, 일본의 9.6%보다도 훨씬 높은 수준이었다.

따라서 세계적 경쟁력을 확보하기 위해서는 조금 앞선 통관자동화 시스템이나, 순수한 수입신고에서 수리까지의 세관통관 소요시간만을 자랑하는 '우물 안 개구리' 생각에서 벗어날 필요가 있었다.

냉소적인 분위기

초일류세관 60대 추진과제 중 하나인 수입화물 처리시간 단축과제에 대한 세부적인 개선방안을 마련하기 위하여 2003년 9월 본청과 일선세관, 관련업체 직원으로 작업반(T/F)을 구성하고 통관지원국장이 직접 키를 잡도록 했다.

탁상공론이라는 불신의 벽을 깨기 위해서는 현장의 생생한 목소리가 필요했다. 작업반을 부산항, 인천항에 급파해 2개월 이상 아예 상주토록 했다.

선박회사, 하역업체, 컨테이너 전용터미널 등에서 근무하는 현장전문가들과의 반복적인 토론회를 통하여 화물지연처리의 원인과 해결방안을 찾도록 했다. 그러나 변화와 혁신을 거부하는 냉소적인 분위기도 만만치 않았다.

물류 시스템 혁신 로드맵

입항에서 반출까지 공항과 항구 절차의 대부분은 세관 외부의 절차이다. 따라서 이를 제대로 개선하기 위해서는 물류업체들의 자발적 협조가 성공의 관건이었다. 그러나 위와 같은 냉소적인 분위기에서는 자발적 협조를 기대하기 어려웠다.

보다 효과적인 협조를 얻기 위해서는 정책입안 단계부터 이해관계자가 직접 참여하는 것이 바람직하다. 따라서 과제를 함께 발굴할 수 있도록 물류관련 업계의 전문가 32명으로 구성된 민·관 협의회를 발족했다.

이 협의회를 중심으로 6개월간 집중적인 논의를 했다. 그 결과 마침내 2004년 2월 화물처리 단계별 물류혁신을 총망라한 3개 분야 36

개 과제의 '수출입통관 물류 시스템 혁신 로드맵' 이 탄생됐다. 이 로드맵은 입항에서 반출까지 수입물품 처리시간을 2004년 말까지 5일 이내로 단축시키자는 것이었다. 화물처리 시간을 절반으로 줄이는 도전적 목표를 계량화된 수치로 제시한 것이다.

절반으로 줄여라

초일류세관의 핵심과제인 점을 감안하여 총 36과제 중 31개를 2004년도에 우선 추진하기로 했다. 목표를 분명하게 제시한 다음 실제 화물처리에 소요된 시간을 주기적으로 확인하여 발표하기로 했다. 실제적인 성과를 발표함으로써 혁신할 수 있다는 자신감을 부여하고, 관리를 구체적으로 해 나가는 것이 중요하다고 생각했기 때문이다.

처음 한 달 동안에는 부두에서 보세구역 반입까지 '하선의무기간'을 단축하고 야간에 신속한 하역작업 지원과 물품검사를 위해 부산세관의 관련부서를 24시간 가동 체제로 전환했다. 또 개인휴대용 정보단말기(PDA)에 의한 신속한 물품검사, 하선신고 자동수리 확대 등 7개 과제를 우선 추진했다. 그 결과 화물처리 기간이 한 달 만에 9.6일에서 8.9일로 단축됐다.

3월에는 공항과 항구 내에 있는 보세창고에서 수입신고가 수리된 물품은 15일 내에 반출토록 의무화 했다. 그렇지 않을 경우에는 과태

료를 부과해서 부담을 주었다. 그 외 특급탁송화물에 대한 소액면세 범위 확대 등 4개 과제를 추진했다. 다시 8.5일로 줄었다.

4월에는 부산항 일반부두의 운영방식을 단일화하고 부두 내 차량 이동통로를 만드는 등 2개 과제를 완료했다. 화물처리 소요기간은 이제 7.5일로 2.1일이 단축되는 가시적 성과로 나타났다.

물류혁신 추진상황에 대한 중간점검을 위해 제2차 민관협의회를 6월에 개최했다. 이 회의에서 화물처리 소요시간 단축을 위해 이제는 제도 개선뿐 아니라 강력한 제재수단도 병행한다고 밝혔다. 변화에 대한 보다 강력한 추진의지를 내보인 것이다.

6월에는 그동안 추진상황에 대해 면밀히 분석했다. 대부분의 화물은 1개월 내에 통관되는데 반해 약 5%에 해당하는 장기간 보관화물이 화물처리 시간의 절반을 차지한다는 사실을 발견했다.

현행 법령상 수입신고는 물품을 수입한 화주가 필요로 할 때 하도록 허용하고 있다. 따라서 신속한 신고의 열쇠를 쥐고 있는 수입화주에 대한 독려가 필요했다. 확인해 보니 물품을 보세구역에 반입한 다음 수입신고를 하기까지는 평균 7.2일이나 소요됐다. 개선이 필요했다. 그래서 입항지내에 있는 보세구역에 반입한 경우에는 30일내 수입신고를 하도록 하고, 이를 어겼을 때는 수입금액의 2%까지 가산세를 부과하도록 했다.

또한 특급탁송화물과 여행자 통관에 대해서만 적용해 왔던 24시간 통관체제를 일반 수출입화물까지 확대하기로 했다. 이 시점에 인천공항세관의 통관·화물처리 담당부서도 24시간 근무체제로 전환했다.

이와 함께 야간통관을 위해서는 세관에 임시개청을 신청하고 납부해야 하는 임시개청 수수료를 면제하도록 했다. 당시 수수료 면제는 법령 해석상 이견이 있어 쉽게 결정하지 못하고 우왕좌왕하는 상태였다. 임시개청 수수료의 재정수입 기여도는 미미하다. 그러나 이를 폐지하기 위해서는 관세법시행령 개정이 필요했다.

그래서 재정경제부에 시행령 개정을 요청하고 행정자치부와도 협의하여 관련 법령의 개정과 소요인력 증원을 강력하게 추진했다. 그 결과 5월에서 8월 사이에는 7개 과제를 완료하였고 화물처리 소요시간도 6.7일로 줄어들게 됐다.

마침내 고지를 점령하고

드디어 공항만 물류개선을 위해 우리가 준비한 조치가 대부분 완료됐다. 따라서 더 이상 화물처리 소요시간을 단축하기 어렵지 않을까 하는 위기감이 일어나기 시작했다. 위기 돌파를 위해 공항만 뿐 아니라 내륙지 세관까지 화물처리 지체요인을 분석해 보았다. 또한 수입화물의 70% 이상을 차지하는 100대 기업의 통관지체 요인을 분석하고, 무역협회 등을 통해 업체들에게 적극적인 협조를 요청했다. 이후 9월에는 실시간 화물추적정보 확대 제공 및 부산항 교통체계 개선 등 3개 과제를 추가로 완료했다.

외국물품을 적재한 항공기나 선박이 우리나라에 도착한 경우 화물 적재목록을 세관에 제출해야 한다. 세관은 이 목록을 기초로 화물을 관리한다. 10월에는 규정상 항공기가 도착하기 전에 제출하게 되어 있음에도 그간 관행적으로 항공기가 입항한 다음 2~3시간 지나서 제출하던 적하목록을 조기에 제출하도록 했다. 이를 위해 항공기 입항 전에 적하목록을 제출하도록 하고 입항전 제출비율이 저조한 업체에 대해서는 화물검사를 강화했다. 이렇게 하자 업체들이 적극적으로 협조하기 시작했다. 10월에는 4개 과제를 더 마무리했다.

11월에는 입항전 수입신고를 확대하고 수입화물을 차량과 철도 등 복수의 운송수단으로 보세 운송할 수 있도록 개선하는 등 3개 과제를 추진했다. 이로서 2004년에 추진하기로 한 31개 과제를 모두 완료했다. 1년반 가까이 물류 신속화를 위한 다양한 조치가 마무리된 것이다. 마침내 수입화물처리에 소요되는 시간이 9.6일에서 5.3일로 절반 가까이 단축됐다. 당초 목표를 달성하는 성과를 거두게 된 것이다.

물류혁신 성공요인

만성적인 수입화물의 부두적체와 이로 인한 물류 경쟁력 저하라는 현실적인 장애물과 관련기관과의 갈등을 극복하고 민·관이 함께 노력한 땀의 열매는 예상보다 크게 나타났다.

수입화물처리에 소요되는 시간이 약 4일 정도 단축됨에 따른 직접적인 물류비용 절감효과는 연간 1조 7,000억 원 정도로 추산되고 있다. 이는 수출입관련 전체 물류비의 약 10% 수준에 달하는 것이다. 이밖에 외국의 다국적 물류기업이 우리나라에 물류센터 건립 의사를 밝히는 등 간접적인 효과도 큰 것으로 나타났다.

이러한 물류혁신이 성공하게 된 근본요인은 무엇이었을까? 먼저 짧은 세관의 통관소요 시간에만 만족했더라면 수출입물류혁신 로드맵은 탄생하지 못하였을 것이다. 그리고 혁신의 비교기준을 주요 선진국 수준으로 높이겠다는 명확한 목표를 설정하였고, 입항에서 반출까지 물류의 전 과정에 대한 계량화된 성과지표를 수립함에 따라 목표관리가 가능했다는 점을 꼽을 수 있겠다.

정부혁신지방분권위원회의 혁신관리전문위원이자 정부업무평가위원이기도 한 가톨릭대학교 박광국 교수는 2004년 말 정부업무평가가 끝난 뒤 "관세청이 정부업무평가에서 좋은 평가를 받을 수 있었던 것은 다른 기관과 달리 명확하고 계량화된 목표를 정하고 단계적으로 추진한 결과로 본다"고 평가했다.

이번에 추진한 수출입물류 혁신과제의 대부분은 세관에서의 통제보다는 실제 화물을 취급하는 물류업체들의 자발적 협조가 무엇보다도 필요한 것들이었다. 따라서 물류혁신 로드맵을 마련하는 단계부터 다양한 홍보전략을 구사해서 좋은 효과를 보았다고 본다.

제도개선에 따라 이해관계가 첨예하게 대립되는 과제들이 많아 이를 조정하기 위하여 사전에 각종 간담회를 개최했다. 충분한 대화를 통해 제도개선의 근본취지와 이해득실을 사전에 설득했다. 제도개선 안이 수립된 후에도 지속적으로 업계의 건의사항을 반영시켰다. 또한 간담회에는 반대자를 반드시 참여시켜 스스로 책임감을 갖고 주체적으로 추진할 수 있도록 유도했다. 법령 제정권이 없는 관세청의 입장에서 집행수단을 확보하는 것은 쉽지 않은 일이었다. 그러나 잦은 접촉과 설득으로 관련기관의 협력을 얻을 수가 있었다.

화물처리시간 단축 과제는 장단기로 우선순위를 정하고 성과가 가시화될 수 있는 단기과제를 먼저 추진한 것도 좋은 방법이었다고 본다. 단기과제를 추진하면서 얻어지는 성과를 매월 발표해 추진성과를 공유함으로써 물류혁신에 대한 자신감을 얻도록 한 것이다. 결국 이러한 여러 요인들이 종합되어 물류혁신 과제는 성공적으로 추진될 수 있었다. 이 사례는 2004년 12월 13일 청와대 정부혁신 모범사례로 선정됐다.

동북아 물류허브는 우리 손으로

위기의 물류허브

2003년 들어 컨테이너 처리 세계 3위였던 부산항에 위기의 조짐이 나타났다. 컨테이너 처리량에 있어 2002년 4위였던 상하이항이 부산항을 제치고 세계 3위로 올라섰다. 이에 반해 부산항은 만성적인 부두적체와 화물파업, 태풍 매미 영향을 받아 2000년 이후 연평균 11.9%씩 늘어나던 환적물량이 감소세로 반전하는 등 경쟁력이 크게 떨어지고 있었다. 결국 상하이항에 이어 2004년에는 광동성 선전항에도 추월당해 5위로 추락하고 말았다.

인천국제공항도 유리한 지정학적 조건에도 불구하고 DHL, FedEx, UPS, TNT 등 세계 4대 항공물류기업들은 투자를 망설이고 있었다. 물류 인프라가 취약하고 내수시장이 협소하며, 노사관계가 불안정하다는 것이 주요 이유인 것으로 전해졌다.

이와 같이 우리나라의 동북아 물류허브 구상은 큰 위기를 맞고 있었다.

돌파구를 찾아라

이와 같은 위기를 돌파하기 위해서는 공항만 시설 확충과 같은 하드웨어뿐 아니라 수출입 물류절차 등 소프트웨어 측면의 물류혁신이 매우 시급한 상황이었다. 나는 시설확충문제와 같은 것은 소관사항이 아니니 별개로 하더라도 소프트웨어 측면에서의 혁신은 얼마든지 가능한 것으로 보았다. 앞에서 언급하였듯이 한국무역협회, 한국복합운송주선협회, 항공사, 선사 등 관련업계 전문가를 참여시키는 민·관 협의회를 구성했다.

이 협의회를 중심으로 문제점과 원인이 무엇인지 그리고 대안이 무엇인지 수차례 토론 및 간담회를 가졌다. 열띤 토론을 통해 반짝이는 아이디어가 나오고 점차 해결의 실마리도 잡혀가기 시작했다.

H사에 근무하는 모 직원은 환적화물을 유치하고 싶어도 부산항과 광양항 간 환적화물이 육상으로만 운송되도록 규정하고 있어 어렵다고 호소했다. 어떤 물류업체는 인천공항에 집배송 물류센터를 설립하여 주변국 수요에 따라 소규모로 분할·재포장하여 배송하고 싶지

만 규정상 일일이 분할하여 세관에 신고한 뒤 작업함에 따라 납기를 맞추기 어려워 입주가 곤란하다는 하소연도 있었다.

한편, 우리나라 기업의 중국 진출이 활발해지면서 중국에서 생산한 화물의 제3국 항공수출도 증가하고 있었다. 하지만 중국내 항공화물수송 여건은 원할하지 못하여 우리나라의 업체들은 적기 수출에 어려움을 겪고 있었다. 이와 같은 문제점을 해결하기 위해 해상으로 인천항에 반입하여 항공으로 인천공항에서 반출되는 씨 엔 에어(Sea & Air) 환적화물제도를 이용하는 경우도 있었지만 그 절차가 너무 복잡하여 이용이 어렵다고 했다.

결론은 환적화물 유치

민 · 관전문가들의 수많은 토론을 토대로 우리 공항만을 물류허브로 육성하기 위해서 우리의 핵심역량을 기울여야 할 부문 가운데 하나가 '환적화물 유치 확대'라는 결론을 내렸다.

환적화물이란 외국에서 우리나라에 입항한 선박, 항공기에서 일단 물품을 부두나 공항에 하역했다가 다른 선박 또는 항공기에 적재하여 제3국으로 출항하는 화물을 말한다. 경우에 따라서는 선박에서 선박으로 직접 옮겨 싣기도 한다. 말하자면 환적화물이야 말로 국제물류허브와 긴밀한 관계에 있는 것이다. 세계적인 물류중심지인 네덜란드, 싱가포르, 홍콩은 환적화물이 차지하는 비율이 80%에 이른다는 것이다.

환적화물을 보다 많이 유치할수록 고부가가치의 경제효과를 발생시키고 다국적 물류기업을 국내로 끌어들여 고용 창출에도 기여할 수 있다.

환적화물 유치 작전

살펴보니 광양항은 부산항과 함께 우리나라 대표적인 컨테이너 항구임에도 부산항에 비하여 환적화물의 유치에 상당한 어려움이 있었다. 광양항은 지리적 여건상 해상운송 항로가 적고 운항횟수도 적어 적기에 환적화물을 운송하는데 애로가 있었다. 그 결과 부산항으로 환적화물을 이동시켜 출항하는 경우가 많은 것으로 확인됐다. 이때 이동을 위해서는 보세운송 신고를 하고 육상운송을 이용할 수밖에 없었다. 따라서 운송시간이 많이 걸리고 비용이 들어 그 이용을 기피하고 있었던 것이다.

환적화물을 유치하기 위해서는 신속한 운송체계와 저렴한 물류비용이 필수라는 사실에는 모두 공감했다. 하지만 현행규정상으로는 대안이 없었다. 기존의 틀을 깨고 도로운송 외의 운송방법은 없을까 고심을 거듭했다.

그러나 보세화물 운송은 보세운송차량에 의해 육로로 운송한다는 전통적인 고정관념을 뛰어넘는 것은 쉽지 않았다. 상당기간의 모색

끝에 마침내 '외항선으로 환적화물을 운송하자' 는 발상의 전환과 '자기 회사의 선박으로도 환적화물을 이동' 할 수 있도록 개선하자는 안이 도출됐다.

다음으로 환적화물 중계센터로 지리적 여건은 좋은데 왜 다국적기업 환적화물의 중계센터 유치가 어려운 것인지 그 원인을 찾아보았다.

환적화물은 국내에 화주가 있는 것이 아니므로 분할, 합병, 재포장 등 보수작업을 할 수 없도록 법령에 규정하고 있었다. 따라서 환적화물의 보수작업을 위해서는 부득이 복잡하고 불편한 수출입절차를 밟지 않으면 안 됐다. 업계에서는 가급적 이와 같이 보수작업이 필요한 귀찮은 환적화물은 애당초 취급하지 말자는 의식이 팽배한 실정이었다.

지금처럼 단순한 환적만으로는 환적화물의 중계센터를 유치하는 것은 곤란하다는 생각이 들었다. 다국적 물류기업 유치의 장애요인 가운데 하나인 복잡한 보수작업요건을 완화하기로 했다. 먼저 화주의 범위에 국내의 대리점, 포워더(Forwarder : 복합운송주선업체), 선사와 항공사를 포함시키고, 컨테이너에 화물을 넣고 내리는 적출입 작업신고도 생략할 수 있도록 하는 등 보수작업절차를 대폭 간소화할 필요가 있었다.

Sea & Air 환적화물을 유치하기 위해서는 입항지에서 공항으로 얼마나 빨리 운송하느냐 하는 것이 관건이다. Sea & Air 환적화물은 선박을 통해 우리나라에 입항한 화물이 공항으로 보세운송된 다음 항공기를 이용하여 다른 나라로 나가는 화물을 말한다. 그러나 우리

나라의 경우 항만에서 공항까지 운송하는 데 3일 이상 소요되어 Sea
& Air 환적의 장점을 충분히 활용하지 못하는 상황이었다. 주요 원
인은 세관의 환적화물 처리절차가 지나치게 복잡하다는데 있었다.

또한, 선박이 야간에 입항했을 경우에는 하역 및 보세운송 신고 등
의 절차를 진행시킬 수 없는 상황이었다. 인천항 및 인천공항의 화물
터미널이 번잡하여 환적작업을 원활하게 수행하기 어려운 점도 Sea
& Air 환적화물의 유치를 가로막는 장애요인 중의 하나였다.

이러한 문제점들을 해결하기 위해 '한 번의 신고만으로 Sea & Air
환적화물의 일괄처리가 가능한 환경'을 만들어 보자는 목표를 세웠다.

함께 머리를 맞대고 대안을 찾기 시작했다. 그 결과 6단계로 이루
어지고 있는 복잡한 보세운송과 보세구역 반출입 신고절차 등을 과
감히 생략하도록 했다. 적하목록 제출과 하선신고만으로 인천항이나

Sea & Air 환적화물 일괄서비스 흐름도

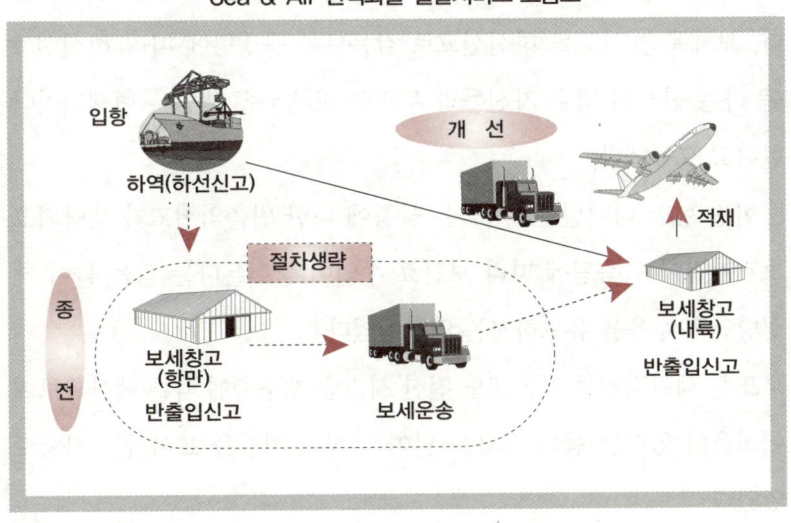

평택항에서 인천공항까지 운송하여 즉시 항공기에 옮겨 실을 수 있어야 한다는 혁신적 시나리오를 마련한 것이다.

이 시나리오에 따라 '외항선으로 국내항간 환적화물 운송절차 마련', '환적화물의 분할, 합병, 재포장 등 보수작업 허용' 및 'Sea&Air 환적화물 입항과 동시에 One-Stop운송'을 핵심 개선과제로 선정하여 추진하기로 했다.

상충되는 이해관계를 넘어

환적화물 유치를 위한 혁신방안은 마련됐지만 막상 실행하려고 하니 업체간 이해관계의 상충이라는 벽에 부딪히고 말았다. 첫 번째는 보세운송과정에서 발생할 수 있는 화물분실 등 책임에 관한 문제였다. 보세운송 신고를 하선신고로 갈음토록 규정함에 따라 하선신고를 하는 선사의 경우 자신들과 무관한 보세운송 책임은 면제되어야 한다고 요구했다.

한편 항만 터미널운영자들은 물품에 대한 반출입신고가 생략되고 보관기간이 단축됨에 따라 보관료 수입이 줄어든다는 점을 들어 개선방안의 수용을 유보하자는 입장이었다.

또한 세관직원들 가운데도 전산 시스템 재구축에 따른 예산확보에 어려움이 있다는 등의 이유를 달아 부정적 입장을 표시하는 사람도 있었다.

그러나 환적화물의 증가가 궁극적으로 이해당사자 모두에게 이익이 된다는 사실을 끈질기게 설득했다. 또한 별도의 '환적화물처리에 관한 특례고시'까지 제정하여 보세운송 절차 생략에 따른 보세운송 도중의 사고에 대한 책임소재를 명확하게 규정했다. 이와 같은 노력에 힘입어 점차 미온적인 이해관계자들의 협조를 얻어낼 수 있었다.

다시 찾은 환적항

환적절차가 간소화되고 정부의 적극적인 환적화물 유치활동에 힘입어 일본 물류기업들이 부산, 광양항을 다시 찾기 시작했다. 일본보다 싼 인건비, 세금감면과 환적절차 간소화 등으로 일본에서 환적하는 것보다 이들 항구에서 환적하여 처리하는 것이 훨씬 경쟁력이 있다는 평가가 나오기 시작한 결과였다.

> ### 부산 · 광양에 물류센터 건립 붐
> 일본 물류기업들이 부산 · 광양에 몰려들고 있다. 최근 미국 등을 제칠 만큼 급증한 중국과의 교역에서 교두보를 삼기 위해서다. 일본보다 싼 인건비, 세금감면 등 한국정부의 적극적인 화물 유치활동 등이 맞물려 일본기업으로서는 물류비를 줄일 수 있다는 게 큰 이유이다.
>
> 중앙일보, 2004. 10. 5일자 보도내용

대형 선사들의 중국직항이 늘고 있는 상황에서 중국, 일본으로 환적하는 화물이 증가한다는 것은 그간 환적화물 유치를 위한 각종의 조치들이 효과를 보고 있는 것으로 풀이된다.

DHL, FedEx 등 대형 국제항공 물류기업들도 인천공항에 물류센터나 화물터미널을 짓기로 하고 화물기의 운항을 늘리기 시작했다.

Sea & Air 환적화물의 일괄처리 시스템 구축으로 당일 환적처리가 가능해짐에 따라 Sea & Air 환적화물의 물동량도 조치 이전에 비해 30% 이상 급증했다. 이에 따른 경제적 수입효과는 2003년 기준으로 약 1,276억 원으로 추산됐다.

중국 공항만의 물류처리량이 급증하는 현실에서 여러 가지 장애물과 갈등을 극복하고 이룬 환적화물 유치전략은 상당히 성공적인 결과를 얻고 있는 것이다.

여기에는 무엇보다도 기존의 틀을 뛰어 넘는 생각으로 문제 해결에 접근한 점과 이해관계 상충을 끈질긴 설득과 상생의 정신으로 극복한 점이 주요한 성공요인이었다고 생각된다. 아울러 혁신이 구호로 끝나지 않도록 관련규정을 적극 개정하고 프로그램을 개발하여 시스템으로 뒷받침한 것이 결정적인 요인으로 작용했다고 생각된다.

항만 안전을 사수하라

우리의 항만은 안전한가

물류의 흐름을 촉진시키는 역할과 함께 관세행정의 또 다른 중요한 역할의 하나는 운송수단, 화물 및 사람이 한 나라의 국경을 안전하게 출입할 수 있도록 통제하는 것이다. 최근 수출입 물동량이나 여행자가 급증함에 따라 세관의 역할도 점차 중요성을 더해 가고 있다.

특히 2001년의 미국에 대한 9·11테러는 각국의 관세행정의 방향을 크게 바꾸어놓는 계기가 됐다. 하이재킹(Hijacking)으로 항공안전에 대한 각국의 관심은 매우 높아지게 된 것이다. 그에 따라 미국뿐만 아니라 거의 모든 나라의 공항에서 입국절차를 강화해왔다.

공항에 비해 항만에서의 보안은 상대적으로 취약한 편이다. 우리나라 항만에는 세관, 국가정보원, 해양수산청, 경찰 등 다양한 보안 기관이 모여 있다. 그러나 허술한 검색망을 비웃듯 총기가 반입되어 범죄에 이용되기도 한다.

화물이 입항하는 부두에서의 효과적인 감시활동은 중요한 의미가 있다. 9·11테러 이후 테러방지를 위한 안보감시의 중요성이 새롭게 부각되면서 더욱 그러하다. 그러나 기존 감시체제로는 우리의 항만을 안전하게 지키기는 어렵다는 문제가 있었다. 9·11 당시 우리나라도 테러대상국 중에 하나였다는 것이 9·11 진상조사에서 밝혀짐에 따라 이제 더 이상 우리나라도 테러 안전국이 아니라는 사실이 명백해졌다.

더구나 이라크에 대한 국군 파병 이후 우리나라에서도 테러 발생 우려가 증가하고 있는 것이 현실이다. 따라서 국제화물이 반입되는 첫 단계에서 총기류, 폭발물 등 사회안전을 해치는 물품의 반입을 차단하기 위해 그 어느 때보다도 철저한 감시가 요구되는 상황이다. 이러한 여건변화를 고려하여 '감시종합정보시스템' 구축을 위한 기본계획을 마련, 부두에서의 감시체제를 대폭 개선하는 수술에 들어갔다.

세관 항만감시의 역사 – 초소감시와 기동감시

세관의 초소는 우리나라 세관의 효시인 부산의 두모진해관(豆毛鎭海關)이 설립된 1878년부터 있었다고 한다. 1970년대 부두 물동량과 출입인원이 증가하면서 부두출입구에 감시초소가 증설됐고, 이 초소를 중심으로 하는 감시체제는 세관감시행정의 기본이었다. 초소 위주의 감시행정은 해안선이 긴 우리나라 항만의 특성상 인력이 많이 소요되는 전근대적인 행정의 모습이었다.

그러나 이와 같은 초소감시체제는 이제 선진국에서는 거의 찾아보기 힘들다. 1980년대 중반까지 초소감시체제를 유지해오던 일본도 물동량과 부두 증가에 대응하기 위해 1980년대 중반 이후에는 정보와 기동력을 중심으로 하는 소위 기동감시체제로 전환했다.

사실 우리나라도 1998년 4월에 기동감시체제로 1차 전환을 시도한 바 있었으나 실패하고 말았다고 들었다. 원인은 효율적으로 가동할 장비가 뒷받침되지 못했기 때문이었다. 해양수산부 등 관계기관과의 업무 조정도 제대로 이루어지지 않은 상태에서 단순히 세관인력배치를 바꾼 다음 성급하게 초소에서 세관인력을 철수함에 따라 오히려 항만감시가 약화되는 부작용마저 초래했다고 들었다.

결국 9·11테러 이후 월드컵 행사에 대비하여 다시 초소 위주의 고정감시체제로 되돌아온 아픈 실패의 경험을 갖고 있었던 것이다.

관세청장으로 부임 후 얼마 되지 않아 부산 감천항을 방문했다. 그 당시 감천항은 총기 밀반입 사건 등 세관감시의 사각지대로 알려져 있었다. 초소에만 세관직원과 청원경찰이 근무하고 있고 몇 킬로미터에 이르는 항만 울타리에는 아무런 감시시설이 없었다. 그리고 그 울타리 바로 뒤에는 인도와 차도가 있었다.

첫 느낌은 이런 시스템이라면 일반 총기류뿐 아니라 그보다 훨씬 더한 것도 항만 울타리를 통해 쉽게 밖으로 빠져나갈 수 있겠구나 하는 것이었다. 시스템을 바꿔야겠다는 생각이 강하게 들었다.

세관에 부산항 부두를 한눈에 감시할 수 있는 감시정보 시스템을 구축하고 이와 연계하여 초소감시는 완전히 부두를 관장하는 기관인 지방해양수산청에 맡기는 것이다. 대신 세관은 종합감시정보 시스템과 연계된 기동감시체제로 바꾸어야겠다고 생각했다.

이때 마침 한·네덜란드 관세청장회의 참석차 네덜란드를 방문할 기회가 있었다. 로테르담 항구에서 세관 경비정을 타고 직접 브리핑을 받을 기회가 있어 항구의 감시체제를 자세히 살펴보았다.

로테르담 항에서는 바로 내가 생각했던 것과 같이 세관직원은 초소에 한 사람도 없고 전부 다 경비정이나 순찰차를 타고 기동감시를 한다는 사실을 알게 됐다. 여기에서 이것이 바로 선진국형 감시체제라는 확신을 갖게 됐다.

127년만의 감시초소 철수 – 세관과 해양수산청 간 MOU체결

귀국하여 곧바로 CCTV를 이용하여 부두나 선박의 이상동태를 감시하고 유사시 세관인력이 출동하는 기동감시체제로의 전환을 재추진했다. 부산항이 첫 번째 대상이었다. 1998년 당시의 실패를 되풀이 하지 않기 위해서는 감시종합시스템의 구축도 중요했다. 그러나 더 중요한 것은 선박, 항만보안을 담당하고 있는 지방해양수산청과 초소검색 부문에 대한 역할분담과 업무조정을 합의하는 것이 선행되어야 한다고 생각했다. 이러한 전환은 세관직원을 초소에서 철수시키는 것을 의미했다. 초소에는 세관직원 50여 명과 해양수산청 소속 청원경찰 200여 명이 근무를 하고 있었다.

항만에서의 기관 간 업무범위와 한계에 관한 규정을 정비하기 위해 청와대, 국무조정실, 국가정보원, 해양수산부 등과 협의했다. 부두출입자나 차량은 해양수산청이 검색하고, 세관은 입출국장(CIQ)을 책임지되 부두에서의 상황발생시 기동감시로 보완한다는 것이 관세청 안이었다. 선원들은 주로 초소를 통해 부두를 출입했고 일반여행자들은 입출국장을 통해 드나들었다. 그런데 문제는 부두를 출입하는 선원들의 검색책임에서 나왔다.

해양수산부와 부산지방해양수산청에서는 관세청과 부산세관이 해야 할 일을 떠넘긴다며 난색을 표명했다. 그러나 전체 출입자의 5%밖에 되지 않는 선원을 대상으로 양 기관이 중복하여 인력을 투입하는 비효율성을 들어 설득하기 시작했다.

기관간 협력에서는 무엇보다 양자의 공통 관심사항을 전면에 드러내는 것이 중요하다. 마침 국제해사기구(IMO)에서 채택한 보안규칙이 있었다. 부산항도 보안평가를 받아야 했다. 세관이 구축한 첨단 CCTV 시스템과 X-Ray 검색기 등을 공유하면 항만보안이 크게 향상될 수 있을 것이라는 생각이 들었다. 해양수산부에 정보와 장비의 공유를 제안했다. 드디어 2003년 12월 9일 관계기관회의에서 관세청과 해양수산청 간에 양해각서(MOU)를 체결하기로 방향을 정했다.

주요 합의내용은 세관은 기동감시체제로 전환하고, 해양수산청의 청원경찰이 외항선원의 신변을 검색하며 총기류 등 적발 시 세관에 통보한다는 내용이었다. 부산항을 시작으로 MOU 체결항을 전국으로 확대한다는 내용도 포함됐다.

그러나 정작 MOU를 체결해야 하는 부산항에서 다시 문제가 불거져 나왔다. 부산지방해양수산청에서 MOU까지는 필요가 없다는 의견이었다. 또 세관의 CCTV에 찍힌 영상정보를 자신들도 볼 수 있기를 원했다. 반면 부산세관은 감시정보의 유출을 우려하여 이에 반대했다. 결국 MOU체결이 지연됐다.

부산 현장에서 세관과 지방해양수산청이 MOU를 체결하는데 무엇이 걸림돌인지를 원점에서 다시 파악하여 검토하도록 했다. 우선 국가 전체적인 차원에서 항만의 안전과 감시의 효율성을 위해서 기동감시체제가 필요하다면 우리가 먼저 양보하는 것이 필요했다. 부산지방해양수산청의 요구대로 우리가 구축한 부산북항의 감시종합정보시스템의 CCTV 영상을 그들이 원하는 범위 내에서 공유하고 MOU를 타결하도록 했다.

2004년 5월 7일 관계기관회의를 통해 양 기관의 의견이 좁혀지고 드디어 5월 31일 부산세관과 부산지방해양수산청 사이에 상호협력의 장을 여는 MOU가 체결됐다. 세관으로서는 한말 최초의 세관인 두모진해관부터 시작하여 실로 127년만의 초소철수였다.

부산항을 한 눈에 – 감시종합정보시스템

2004년 4월 21일 드디어 세관 항만감시분야에 일대 혁신을 가져 온 '부산항 감시종합정보시스템' 개통식을 갖게 됐다. 첨단 CCTV에 의한 영상정보와 감시종합정보를 갖추고 기동감시반이 집중 감시하는 광역 기동감시체제로 부산항의 세관 감시체제가 전면 개편된 것이다.

이로써 부산세관은 종합상황실에서 CCTV 영상을 통해 부두 상황을 24시간 모니터링 할 수 있게 됐다. 또한 특이사항이 발생하면 즉시 대응할 수 있는 조직과 첨단 시스템 및 운영체제를 종합적으로 갖추게 된 것이다.

이에 따라 기존 초소 위주의 고정감시체제 하에서 부두출입문에 한정됐던 세관 감시범위가 부두 전역으로 확대됐다. 그 결과 테러 우범국 선박·선원 등 위험요소를 입항단계부터 사전에 파악하여 집중 감시함으로써 부산항을 통한 밀수 및 사회안전 위해물품의 밀반입을 철저히 차단하는 새로운 전기가 마련됐다. 뿐만 아니라 부두출입구에서 세관검색으로 인해 발생하던 혼잡이 완화됨에 따라 부두를 출입하는 물류 흐름도 훨씬 빨라지게 됐다.

이 감시종합정보시스템은 내외 관계자로부터 매우 좋은 평가를 받고 있다. 한 사례로 미국 항만보안평가팀이 2004년 7월 부산항을 방문한 적이 있다. 9·11 테러 이후 UN산하 국제해사기구(IMO)에서 해상안전강화를 위해 채택한 선박·항만시설 보안규칙(ISPS

Code)이 요구하는 항만 안전상태를 종합적으로 점검하기 위해서였다.

그들의 평가는 우리나라의 항만보안 시스템 중 첨단 CCTV를 갖춘 종합감시정보 시스템은 그동안 방문한 국가 중에 가장 뛰어난 시설이라는 것이었다. 또한 관계기관간 보안장비의 공동 활용과 항만별 보안대책협의회 운영 등은 미국에도 도입하고 다른 나라에도 모범사례로 널리 전파할 계획이라고 밝혔다. 미국측의 이러한 평가는

부산항 감시종합정보시스템

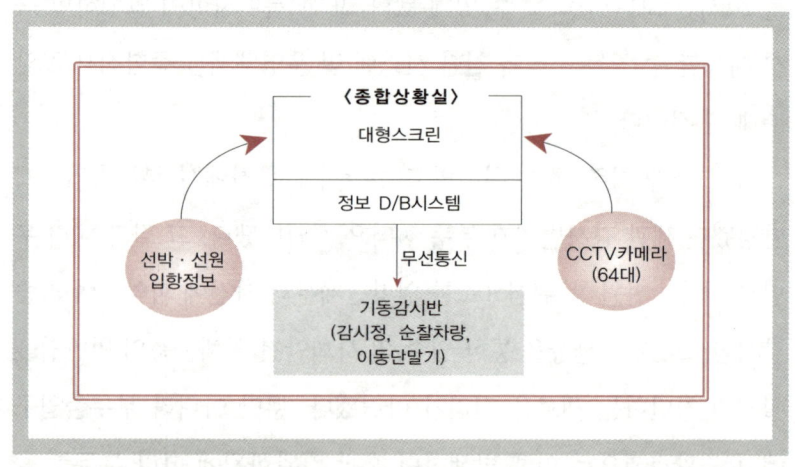

외국선박의 유치에도 긍정적인 작용을 할 것으로 생각된다.

주요 항만에 대한 감시종합정보시스템의 구축은 항만감시의 효율화, 국가와 사회에 대한 안전장치의 강화라는 공동 목표를 상호 인식하고 부처 이기주의를 넘어 범국가적 차원에서 효율적인 항만감시체제를 만들어 낸 좋은 선례로 평가될 것이다.

항만의 두 파수꾼, 서로 손잡다
– 관세청과 해양경찰청 간 MOU체결

항만은 세관, 해양경찰, 경찰 및 정보기관 등 많은 기관들이 입주하여 소관업무를 집행하는 곳이다. 그러다보니 밀수범에 대한 수사권한을 놓고 관련기관 간에 마찰이 끊이지 않는 실정이었다. 특히 해양경찰과 세관이 밀수관련 범죄수사를 하게 되면 기관이익이 상충되는 점이 많아 양 기관의 협조가 무엇보다도 절실했다.

범죄검거에는 정보가 제일 중요하지만 세관은 인력의 한계 때문에 별도의 범죄정보 입수를 위한 전담직원을 배치하지 못하고 있었다. 정보수집 업무도 범죄수사직원이 함께 담당하고 있었다. 그러다 보니 정보수집 역량이 다소 부족한 실정이었다.

무역 물동량은 날로 증가하고, 그에 비례하여 통관절차는 더욱 간소화됨에 따라 밀수의 위험요소는 상대적으로 증가하고 있다. 따라서 세관의 조직, 인력, 장비만으로 밀수행위를 제대로 척결하는 데에는 한계가 있다는 생각이 들었다.

그래서 모색한 것이 경찰, 해양경찰 등 유관기관과 네트워크 구축이다. 관련기관이 상호 정보를 교류하고, 합동으로 수사를 진행하며, 공동 사용이 가능한 장비는 가급적 함께 활용하자는 것이다. 아울러 기관별 수사업무 영역을 서로 존중하는 방향으로 양해각서(MOU)를 체결하는 것이 바람직한 방안이라는 생각을 하게 됐다.

전국 항만에 소재한 13개 해양경찰서와 17개 항만세관이 협력할 수 있다면 해상범죄 대처능력에 있어서 13×17배 이상의 시너지 효과가 발생할 수도 있다.

양해각서를 체결하기 위해 관세청 조사감시국장이 해양경찰청 정보수사국장에게 협조를 요청했다. 관계자들이 해양경찰청 차장을 직접 방문하여 항만에서 범죄단속을 위한 정보교류와 밀수단속에 관해 상호 양해각서 체결의 필요성을 설명했다. 또한 실무진은 직접 양해각서 초안을 해양경찰청 실무진에게 제시하는 등 다각적인 접근을 통해 드디어 양해각서 체결협상을 시작했다.

이후 수차례에 걸친 의견 조정과정을 거쳐 마침내 2004년 5월 20일 부처이기주의를 극복하고 관세청과 해양경찰청 간 양해각서를 성공적으로 체결하게 됐다.

양해각서에는 테러 등 국가안보와 관련된 첩보에 대해서는 상호 통보하여 공동 대응하도록 했다. 밀수사범은 세관에, 밀입국 사범은 해양경찰청에 즉시 인계하거나 필요시 합동수사반을 편성하여 운영토록 했다. 또한 해상에서의 범죄 단속활동 강화를 위하여 양 기관이 보유하고 있는 인력, 감시선박, 항공기 등 장비지원과 공동사용, 상호 교육기관 참여 및 수사기법 전파 등 공동 협력방안도 구체적으로 담고 있다.

그런데 실무부서에서는 수사관행이 쉽게 바뀌지 않았다. 2004년 9월 전라북도 군산시 비응도 인근 해상에서 중국산 뱀 등을 밀수입하려는 사건이 있었다. 이때 해군이 먼저 이상 징후가 있는 선박을 발견하고 해양경비정의 출동을 요청했다. 요청을 받고 출동하여 선박을 검색한 해경은 그 밀수범을 검거했는데, 지역 해양경찰청은 종전 관행대로 단독으로 이 밀수범을 수사하여 특별범죄가중처벌법 위반으로 검찰에 송치한 것이다. 그러나 담당검사는 범칙물품 가격산정에 신빙성이 적다며 특정범죄가중처벌법의 적용을 배제했다. 뒤늦게 이런 사실을 파악한 나는 해양경찰청장에게 이와 같은 비협조사례를 전했다. 그 후 지역 해양경찰청과 군산세관이 협조하여 원활하게 그 밀수사건을 마무리 지었음은 물론이다. 이 사건은 기관간 협조체제의 효과적인 작동이 얼마나 어려운가 하는 것을 잘 보여주고 있다.

그러나 이러한 우여곡절 과정을 통해 이 사건은 세관과 해양경찰과의 오랜 수사권한 다툼이 종식되는 계기가 됐다. 서로의 입장만 고집했던 과거와 달리 서로 손잡고 협력을 통해 해상범죄 단속에 나서게 된 것이다. 관세청과 해양경찰청간의 협력사례는 타 부처에게도 좋은 참고사례가 될 것이다.

범죄 조사도 초일류로
– 반사회적 조직밀수 · 외환사범 특별조사반 –

물류허브의 안전판

초일류세관의 중점 추진방향은 물류신속화, 정보 시스템의 고도화 등 신속통관에 초점이 맞추어져 있었다. 초일류세관 추진이 본격화되고 무게가 실리자 관세행정의 또 다른 축이 소홀해질 우려가 있었다. 이제 밀수를 잡는 것은 중요하지도 않고 조사분야에 근무하는 직원들은 초일류세관하고는 아무런 관련이 없다고 오해할 소지가 있었던 것이다.

그러나 조사부문의 기능과 역할이 바로 서지 않은 상태에서의 물류허브는 마치 모래 위에 쌓은 성(城)과도 같다. 절차 간소화를 악용한 마약, 밀수 등 온갖 불법행위가 만연한다면 우리가 구축하고자 하는 물류허브의 뒷문을 무방비 상태로 열어놓은 것과 다를 바 없기 때문이다. 따라서 조사는 물류허브의 안전판인 셈이었다.

부임 후 여러 차례 밀수범 검거사건의 조사결과를 보고받으면서 고추, 녹용 등 밀수품은 많이 적발했지만 주범을 검거하지 못하는 경우가 많아 늘 아쉽게 느끼고 있었다.

사실 다른 범죄와 마찬가지로 밀수도 한 번 했던 사람이 계속 하는 경향이 있으므로 운반책이나 판매책을 잡아도 주범과 자금책을 잡지 못하면 밀수가 반복될 수밖에 없는 것이다. 밀수방지를 위한 근본대책이 필요했다.

외환조사의 분야도 마찬가지였다. 외환거래규정 위반사례를 보면 단순한 절차의 위반인 경우가 있고 엄격히 금하는 사항을 정면으로 위반하는 사례도 있다. 단순한 절차위반사례에 대한 적발실적은 많았으나 재산의 해외도피, 불법 자금세탁과 같은 심각한 외환범죄에 대한 적발실적은 그리 많지 않았다.

무엇보다 세관 조사요원들의 마인드를 전환시켜야 했다. 조사의 방향성을 재정립하고 그 쪽으로 역량을 집중시킬 필요가 있었다.

일회성의 단편적인 사건보다 뿌리가 깊은 반사회적 범죄를 도려내고 제도를 악용할 가능성에 선제적(先制的)으로 대응할 수 있는 조사단속체계가 필요하다고 생각했다. 이렇게 하여 '반사회적 조직밀수 · 외환사범 특별조사반'이 탄생하게 됐다.

반사회적 범죄의 단속에 역량을 집중시켜라

특별조사반 발족 전인 2003년 7월부터 서울·부산 등 5개 본부세관에 전국 세관의 정예조사요원 73명으로 조직밀수 전담반, 지명수배자 검거반, 외환사범 전담반을 편성하고 은밀한 사전조사활동에 들어갔다. 이 때 관세청에 설치된 본부의 지휘 아래 총24명이나 가담한 63억 원 상당의 중국산 농산물 1,284톤 밀수조직을 검거하고, 관세청 사상 최초의 자금세탁사범과 역시 사상 최대규모인 1,762억 원 상당의 재산국외도피사범을 검거하는 성과를 올렸다.

이제 반사회적 범죄 척결을 위한 강력한 의지를 대내외에 공표하고 본격적으로 활동해 나갈 필요가 있었다.

2003년 8월 12일에 있었던 '반사회적 조직밀수·외환사범 특별조사반' 발대식에서 나는 향후 조사방향으로 4가지를 제시했다.

첫째는 우리의 조사역량을 일과성 밀수나 단순한 절차위반사범 단속에서 나아가 반사회적 불법행위의 단속에 집중한다는 것이었다. 둘째로는 범죄로 얻은 이익을 철저하게 환수함으로써 범죄의 재발을 방지하고 궁극적으로는 조직범죄를 척결한다는 것이었다. 셋째는 외환조사에서도 절차위반 위주보다는 재산해외도피나 불법자금 세탁행위 등 반사회적 외환사범을 검거하는데 주력한다는 것이었다. 그리고 마지막으로 조사를 하더라도 피의자의 인권을 충분히 존중하고 절차를 준수한다는 것이었다. 결과적으로 조사방향의 선회는 적중했다고 본다. 관세청은 2003년 사상 최대의 조직밀수·부정무역·환치기 사범을 검거하는 쾌거를 올리게 됐던 것이다. 이때 검거한 것은 조직밀수와 부정무역사범 등 모두 3,084건 총 1조 2,430억 원에 달했다.

2003년 반사회적 조직밀수 특별조사반을 편성한 이후 2004년에도 단순 절차위반사범보다 조직밀수와 반사회적 외환사범을 집중단속하는 새로운 방식을 계속 강조했다. 그 결과 2004년에만 조직밀수와 부정무역 사범 등 모두 3,211건, 1조 3,609억 원 상당액을 검거했다. 이는 2003년에 이어 연속 2년째 개청 이래 최대의 밀수단속 실적이다.

이 과정에서 반사회적 조직밀수를 자행하던 26개 조직, 184명, 2,291억 원을 검거하여 조직밀수의 뿌리까지 뽑아내는 성과를 거두게 됐다. 또한, 농수축산물 밀수 및 부정유통 사범 501건, 840억 원을 검거한데 이어 가짜상품 등 지적재산권 침해물품 3,396억 원과 밀수입 마약류도 1,770억 원 상당액을 단속했다.

2004년 8월에는 전체 세관직원의 43%에 달하는 1,900명의 공항만세관 통관, 감시, 조사분야의 직원들을 연계한 총체적 마약단속망을 구축했다. 이를 통해 9월과 10월 연속적으로 일본인 국제 밀수조직에 의한 국내사상 최대규모의 대마수지 11.3kg과 엑스터시(MDMA) 2만 정을 적발하기도 했다.

환치기사범 검거 100일 작전

국제화, 개방화가 진전되고, 다른 한편으로 사회경제적 분위기가 안정되지 못하면 자금의 불법적인 유출입이 증가할 개연성이 높아진다. 이에 따라 그 수단으로 이용될 가능성이 높은 이른바 '환치기' 수법에 의한 불법외환거래를 차단하기로 했다. 이에따라 2004년 6월부터 '환치기사범 특별조사 100일 작전'을 수립하고 집중조사를 실시하도록 했다.

하지만, 엄중단속이 필요함에도 불구하고 조직내부에서는 부정적인 목소리가 높았다. 환치기는 이미 검거된 밀수 또는 관세포탈사범으로부터 수출입대금의 이면결제내역을 확인하는 과정에서 포착하면 된다는 인식이 팽배해 있었던 것이다.

따라서 환치기 계좌를 파악했다 하더라도 그와 직접 관련된 사건처리에 급급할 뿐 연결 계좌추적을 통한 조사범위의 확장을 기피하고 있었다. 또한 새로운 조사대상을 찾아 정열을 쏟기 보다는 눈앞의 미결사건처리를 중시하는 분위기에 깊이 젖어 있었다.

밀수와 관세포탈 후 그 차액대금에 대한 이면결제를 위해 이용되는 계좌가 바로 환치기거래에 일반적으로 이용되는 계좌일 가능성이 높다. 그런데도 계좌의 입출금내역에 관한 정보를 가진 일반조사부서와 환치기를 직접 조사하는 외환조사부서간에 계좌정보를 공유하지 않는 상황이었다.

부서간 협조가 가능하기 위해서는 인식의 전환이 필요했다. 따라서 밀수·마약 등 모든 부정무역사건을 조사할 때에는 반드시 자금출처와 그 흐름을 의무적으로 조사하도록 시스템화 했다. 그리고 그 연장선상에서 환치기 쪽으로 외환조사의 역량을 넓혀가도록 조치했다.

환치기 거래는 외형상 국내에서 외국으로 지급하는 계좌입금과 외국으로부터 지급받는 계좌출금이 이루어진다. 이러한 입금과 출금은 모두 원화로 이루어지기 때문에 통상의 방법으로는 어떤 계좌가 환치기거래에 이용되고 있는지 알아내기가 어렵다. 따라서 정보를 수집하기 위해서는 특단의 노력이 필요했다.

환치기 단서는 포착이 어렵다는 생각에서 벗어나 발상의 전환을 시도해 보았다. 환치기 등의 불법외환거래는 그 상대국이 있으므로 국내에서의 정보수집도 중요하지만 시야를 넓혀 해외에서도 정보를 수집하면 어떨까 하고 생각한 것이다. 그래서 이번 특별조사에서는 정보수집 대상을 해외까지 확대했다.

우선 현지기업이나 교민이 밀집한 지역에서 환치기수법을 이용할 가능성이 많다고 판단했다. 조사요원을 미주 및 동북아지역을 대상으로 2개조 2명씩을 현장 출장시켜 정보를 수집하는 방법을 처음으로 시도했다. 아울러 현지 주재관도 적극 활용하고, 현지에서 발행되는 잡지, 신문 등도 면밀히 분석하는 등 활용가능한 수단을 총동원했다.

이러한 노력으로 외국 현지에서 17건의 환치기계좌를 수집했다. 이와 같은 해외정보는 수집에 많은 노력이 들었지만 환치기거래에 직접 이용되고 있는 살아있는 정보로써 그 효용성이 매우 높은 것으로 입증됐다.

수집된 정보를 토대로 집중적인 조사활동을 전개했다. 그 결과 특별조사기간 중에 198건 7,783억 원 상당의 불법외환사범을 검거하여 검찰에 송치했다. 또 211건 8,246억 원에 대해서도 계속 조사를 진행시켜 전체적으로 약 1조 6,000억 원대의 환치기사범을 적발하는 어마어마한 성과를 올리게 됐다. 그 중에는 환치기 수법을 이용한 재산국외도피 사범도 13건, 86억 원이 포함됐다.

이 단속과정을 통하여 외환사범에 대한 단속방향이 사전신고 등의 단순절차 위반에서 재산의 국외도피나 자금세탁 등 '반사회적 외환사범' 단속으로 전환하게 됐다. 아울러 외환사범에 대한 조사역량이 한 단계 제고되는 계기가 됐다.

제 2 장

같은 일도 다르게 篇

무역관리 파트너 – 행정기관간의 협력

앞에서 일부 언급했으나 세관장 확인대상품목 축소는 물류신속화를 위한 기관간의 협조와 관련하여 중요한 의미가 있는 것이므로 그 과정에 대해 좀 더 자세히 설명하고자 한다.

관세법 제226조는 물품의 수출입시 다른 법령에서 정하는 허가, 승인, 표시 기타 조건의 구비를 요하는 경우 수출입자가 그 조건을 구비했음을 세관장에게 증명토록 하고 있다. 조건을 구비했는지 여부를 관련기관에서 먼저 확인을 하고 통관단계에서 세관장이 다시 이를 확인하는 것이다. 관련기관에서 확인하지 않은 물품이 통관되지 않도록 하기 위한 일종의 보험장치다. 따라서 세관장 확인대상에 포함되느냐 제외되느냐는 관련기관 입장에서 상당히 중요한 문제이다.

세관장 확인대상품목의 축소가 초일류세관 추진전략 과제에 포함되자 그때부터 내외부적으로 찬반논란이 일었다. 한편에서는 세관장 확인대상품목의 경우 일반품목의 평균 통관소요시간인 1시간 30분보다 2.4일이 더 걸리므로 통관소요시간 단축을 위해서는 세관장 확인대상품목을 과감히 축소해야 한다는 찬성의견이 제시됐다. 다른 한편에서는 이러한 확인의 포기는 세관기능의 축소를 의미하므로 반대한다는 의견도 개진됐다.

담당자들도 어려움에 봉착했다. 4,810개 대상품목 중 축소대상품목을 선정하는 것도 어려웠지만 담당부처의 반대 극복은 난제 중의 난제였다. 이 문제를 해결하기 위하여 2003년 5월 30일 참여정부 10대 규제개혁 전략과제의 하나로 선정된 통관절차간소화의 주요과제로 포함시키고, 8월 1일 제2차 장·차관 국정토론회에서는 세관장 확인대상품목 축소라는 관세청의 의지를 전 부처 앞에서 공언하였다.

2003년 9월 2일 총 3,994개로 816개 품목을 제외하는 축소·조정안을 마련하여 관련부처에 의견을 묻자 예상대로 부처의 반발은 완강했다. 9월 18일 서울세관에서 열린 6개 부처 모임에서 전체적인 취지에는 공감하면서도 자기부처 소관의 품목축소에 대해서는 각자 분명한 반대의사를 표명했다.

첫 회의결과 당초 목표를 달성하는 것은 불가능할 것만 같았다. 내부적으로 숙의한 결과, 10월 16일 축소·조정안을 다시 마련하여 이에 대한 의견을 받기로 했다. 다행히 농림부, 환경부, 산업자원부로부터 228개 품목의 축소는 가능하다는 회신을 받았다. 그러나 아직 넘어야 할 산은 너무 높기만 했다. 12월 3일 7개 부처와 가진 회의에서도 여전히 부정적인 입장이 되풀이됐다. 합의된 것은 해양수산부와 농림부의 18개 품목에 불과했다.

해를 넘겨 2004년 2월 25일 동북아경제중심추진위원회에서 4개 부처와 다시 회의를 가졌다. 약사법, 유해화학물질관리법, 자동차관리법 등에서 313개 품목을 축소키로 했다. 이때까지 합의된 것이 559개 품목으로 816개를 목표로 했을 때 거의 7부 능선을 넘은 셈이었다.

종점으로 다가갈수록 일은 더욱 어려웠다. 관계부처로서도 지금까지 양보할 것은 다 양보했다는 분위기였다. 3월 5일과 3월 9일 연이어 열린 조정회의에서는 부처간 난상토론과 감정적 발언까지 오갔다. 마지막으로 4월 8일의 규제개혁위원회와의 조정회의에서 최종적으로 696개 품목을 축소하는 것으로 결론을 맺고 5월 15일부터 시행하기로 했다.

이로써 수출입 통관과정에서 연간 145만 건의 수출입요건 확인건수 중 29%인 42만 건 상당이 축소됐다. 확인대상에서 제외된 물품의 평균 통관소요시간도 대폭 단축됐다. 뿐만 아니라 창고보관료 등 물류비용도 약 632억 원이 절감된 것으로 추정됐다.

세관장 확인대상 품목의 수는 당초 목표인 4000개 이하로 줄이지는 못했다. 그러나 줄이는 것만이 능사는 아니었다. 수차례에 걸친 관련부처와의 회의를 통해 서로의 의견을 충분히 교환했기 때문에 그것만으로도 커다란 성공이었다고 평가하고 싶다. 경제단체장 간담회나 국정과제보고회를 통해 확고한 실천의지를 다진 것도 주효했지만, 가장 큰 공로는 축소·조정회의를 통해 이견을 좁혀나간 관세청과 관련기관 담당자들에게 돌아가야 할 것이다.

전자정부를 위한 협력 – 싱글 윈도우(Single Window)

유엔경제사회국(UNDESA)과 미국행정학회(ASPA)가 발표한 바에 따르면 2004년 현재 우리나라의 전자정부 준비지수는 0.8575로 세계 5위이다. 우리나라 관세행정의 정보화 수준은 세계적으로 경쟁력이 높은 것으로 평가받고 있다.

1974년 무역통계 업무를 시작으로 이미 1992년의 EDI 정보화 6개년계획에 따라 수출과 수입통관, 그리고 관세 환급업무를 전산화했다.

근년인 2000년부터는 전산화가 상당히 어려운 조사감시, 심사 등 통관 외의 분야도 전산화됐다. 직원 상호간에 지식과 경험을 공유하는 지식관리 시스템이 구축됐고, 탈세나 밀수 등의 정보를 분석할 수 있는 통합정보 시스템도 구축했다. 통합정보 시스템은 한국은행(외환거래), 국세청(세적), 법무부(출입국) 등의 시스템과도 연계시키고 있는데 정보분석의 효율성이 상당히 높다.

2004년부터는 보다 더 경쟁력 있는 시스템을 만들기 위한 관세청 정보 시스템 업그레이드 작업이 한창 진행 중이다. 정보 시스템 고도화의 기치아래 인터넷 수출입통관 시스템과 One-stop 통관단일창구(Single Window) 구축을 추진하고 있는 것이다. 2004년 7월 인터넷 수출신고 시스템이 개통됐고 2005년에는 수입과 환급까지도 인터넷을 통한 신고가 가능해진다. 싱글 윈도우는 물류, 무역과 관련된 모든 전상망을 연결하는 네트워크 개념으로 확대될 수 있고, 그렇게 하는 것이 국가적으로 매우 효율적이다. 통관 시스템을 기반으로 통관, 검사, 검역, 요건확인 등 수입과 관련된 정부의 모든 업무를 한 번의 신고에 의해 처리하고 사용자들이 관련된 모든 정보를 한 곳에서 얻을 수 있도록 하는 것이 바람직한 것이다.

싱글윈도우의 개념

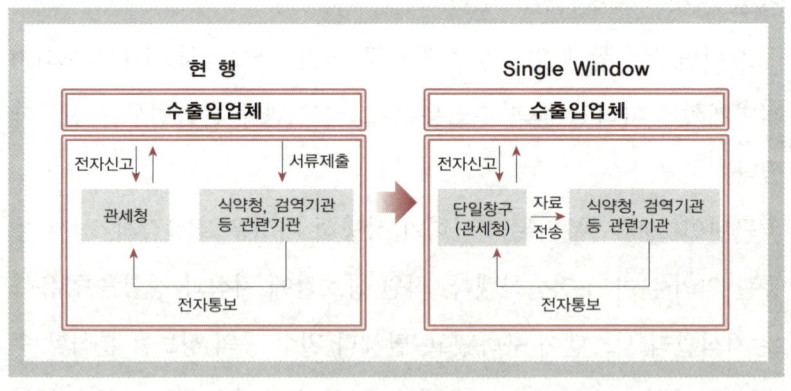

이와 같은 싱글윈도우가 구축되면 사용자 입장에서는 번거롭게 이곳저곳을 방문하거나 여러 기관에 서류를 제출할 필요가 없어진다.

당연히 무역의 거래비용도 크게 줄어든다. 정부입장에서는 화물에 대한 종합적이고 정확한 정보를 수집할 수 있어 수출입물품에 대한 관리가 효율화된다.

관세청은 싱글윈도우 사업을 효과적으로 추진하기 위해 전자정부 31대 과제 중 '국가물류종합서비스'와 '전자무역서비스' 사업에 적극 참여하고 있다. 통관은 무역업체, 물류업체가 수출입과정에서 반드시 거쳐야 하는 절차다. 아울러 현재의 관세청 통관 시스템은 수출입화물 및 물류와 관련된 가장 정확하고 방대한 정보를 갖고 있으며 네트워크를 보유하고 있다. 따라서 위의 두 가지 전자정부사업에서 관세청의 시스템이 매우 중요한 위치를 차지하고 있으며 핵심적인 역할을 담당할 수밖에 없다.

무역과 관련된 전반적인 싱글윈도우 구축은 관련된 정부기관간 그리고 정부와 기업 간 적극적인 협조가 있어야 가능하다. 관련부처와 기업들의 적극적인 협조가 기대되는 부분이다.

개미가 코끼리를 끌다 – 항만 서비스헌장 제정

이질적인 성격의 기관, 단체들 다수가 밀집하여 일을 보는 곳으로는 공항이나 항만과 같은 곳이 별로 없다. 권력기관도 거의 다 들어 있다. 따라서 어떤 공동의 목적을 두고 협조하기가 여간 어려운 게 아니다. 그러나 물류신속화를 위해서는 공항만의 각종 유관 기관, 단체들의 공통된 인식과 협조가 절대적으로 필요하다.

초일류세관 추진에 탄력이 붙은 2004년 봄, 부산세관은 부산항에 입주한 행정기관과 물류업체가 자신의 목소리를 자제하고 신속한 물류서비스 제공, 고비용 구조의 개선 등 부산항 서비스 향상을 위한 공동의 결의와 구체적 행동계획 수립을 주도해 보자는 생각을 하게 됐다.

부산세관은 우선 부산지방해양수산청과 부산항만공사 등에 '부산항서비스헌장'을 공동으로 제정해 보자는 의견을 냈다. 그러나 논의는 처음부터 난항에 부딪쳤다. 각 기관과 관련업체로부터 세관이 본분을 떠나 너무 앞서 나간다는 비판이 쏟아진 것이다.

> 부산항 서비스를 개선하고 경쟁력 높이는 일이야 해양수산청이나 항만공사 소관업무 아닌가? 세금 징수기관인 세관이 너무 오버(Over)하는 것이다.
>
> 이것저것 하더니 이제 서비스헌장인가 뭔가를 만들어서 항만관련 기관들 모아놓고 이벤트 한번 하자는 거냐?
>
> 법 규정도 아닌 서비스헌장 만들어서 무슨 효과가 있겠어? 각 기관에서 진작 만들어 놓은 서비스헌장도 장식물인데….

그러나 부산세관은 개의치 않고 부산항의 항만경쟁력 제고를 위해서는 민·관 합동으로 범 항만 차원의 대책이 필요하다고 설득시켜 나갔다. 내부적으로는 서비스헌장 추진전담반을 구성하여 제정 작업을 해 나가는 한편 각 기관 실무책임자들과 빈번하게 접촉하고 시민단체, 연구단체까지 설득하여 공동참여를 유도했다.

마침내 2004년 8월 6일 부산세관 회의실에서 7개 기관 및 단체의 부기관장급을 대표로 하는 부산항서비스헌장 추진기획단이 출범할 수 있었고, 이들은 5차례의 회의를 거쳐 부산항서비스헌장을 확정했다. 확정된 부산항서비스헌장은 부산항 개항 128주년 기념일인 10월 12일 감만 시민부두에서 24개 민·관 기관 대표들이 모인 가운데 선포됐다. 아울러 서비스 이행표준을 성실히 수행할 것을 다짐했다.

이 헌장에는 서비스 기준으로 3S(Safe, Swift, Sure : 안전, 신속, 확실)와 2C(Clean, Convenient : 투명, 편의)를 제시하고 있다. 이는 앞으로 부산항 서비스제공의 길잡이가 될 것이다. 이 헌장의 선포는 각계에 상당한 반향을 불러 일으켰다.

> 개항 이래 이런 날이 있었나 싶은 생각이 듭니다. 정말 뜻 깊은 날이라 생각합니다. … 서비스 이행합의가 서명으로 끝나지 않고, 컨테이너 처리만 세계 수준에 그치지 말고, 서비스 수준도 세계수준이 될 수 있게 해주었으면 합니다. … 오늘은 부산항이 개항되고 128년 만에 최대의 경사가 아닌가 하는 생각이 들고, 오늘 24개 기관 정말 대단합니다. … 부산항이 세계 최고의 서비스 항으로 거듭날 수 있도록 다 같이 노력해 주기를 바랍니다
>
> 부산시민연대 공동대표, 부산항서비스헌장 선포식 축사 중

이것은 지방에 있는 세관이라는 단위기관이 소관업무의 틀을 벗어

나 전체적인 시각에서 이해관계가 서로 다른 여러 기관 단체들과 협조하여 공동의 목표를 이루어 낸 좋은 사례가 아닌가 한다.

부산항서비스헌장 선포 후 인천세관이 이를 벤치마킹하여 인천항 물류개선을 위한 '민관 합동의 공동선언'을 추진했다. 그러나 부산항에서와 비슷하게 추진 초기에는 냉소적이거나 비협조적인 기관들이 적지 않았다고 한다. 어떤 기관은 참여 자체를 거부하기도 했다고 한다.

이에 인천세관에서는 관련 기관장을 직접 방문하여 당위성을 상세히 설명하고, 인천세관이 주도하여 인천항에 이미 구성되어 있던 '민관합동 물류촉진 T/F팀' 회의 등을 통해 적극적인 참여를 유도했다. 결국 2004년 8월부터 실무팀을 구성, 각 기관들의 의견조정 과정 등을 거쳐 2005년 1월 11일 인천항의 28개 기관, 단체가 모여 '인천항 물류혁신을 위한 민관 합동선언'을 하게 되었다.

> 우리나라 수도권의 제1관문인 우리 인천항은 동북아 물류중심항으로 발돋움하고자 하는 원대한 꿈과 비전을 가지고 있습니다. 우리 인천항 관련 기관 및 단체 모두는 인천항을 비용과 시간은 적게 들면서 고객이 이용하기 편리한 항만으로 성장·발전시키는 것이 동북아의 물류중심항이 되기 위한 가장 빠른 길임을 인식하고 끊임없는 물류서비스 개선을 통하여 인천항의 경쟁력을 강화하고 다음 사항을 성실히 실천해 나갈 것을 약속합니다.
>
> 인천항 물류혁신을 위한 민관 합동선언 전문 중

이 합동선언에는 인천항이 최상의 물류서비스 제공을 약속한다는 의미로서 'PROMISE'를 명시하고 있다. PROMISE란 물류혁신에 꼭 필요한 7가지 핵심가치를 의미하는 단어의 머릿글자를 딴 것으로 즉시처리(Promptness), 책임성(Responsibility), 일괄처리(One-stop service), 기동성(Mobility), 청렴성실(Integrity), 안전(Safety), 자동화(e-procedure)를 의미한다.

앞으로 인천세관을 포함한 인천항의 물류관련 기관들은 이 선언의 취지를 깊이 새겨 수도권의 관문항구로서 인천항의 경쟁력 강화를 위해 다함께 뜻을 모아 최선을 다하게 될 것으로 기대된다.

이와같이 부산세관과 인천세관이 적극적인 자세로 다수 민·관 기관과 단체의 협력을 이끌어 내어 공동보조를 취하도록 함으로써 부산항과 인천항의 물류서비스가 획기적으로 개선될 수 있는 토대를 마련한 것은 지역 기관·단체 간의 협력사에 있어 획기적인 일이라 아니할 수 없다.

사법기관과의 협력 – 관세사범 양정기준 재조정

범죄경제학(Economics of Crime)이라는 학문영역이 있다. 범죄 행위의 선택에 따른 비용과 편익의 계산이 의식적이든 무의식적이든 범죄를 저지르게 하는 한 동기가 된다는 것이다. 명배우 알랭 들롱이 열연한 영화 '태양은 가득히'는 가난한 시골 출신의 젊은이가 백만장

자인 친구를 죽여 모든 재산을 가로채는 완전범죄의 가능성을 그린 영화다. 젊은이가 계산한 편익에는 미모의 애인까지도 포함된다. 범죄행위와 마찬가지로 처벌에도 경제학의 논리가 적용된다.

1990년 이전만 해도 세관의 수사영역은 관세법에 국한되어 있었다. 그러던 것이 1990년 마약사범, 1995년에서 2000년 사이에는 외환사범, 지적재산권침해사범, 대외무역사범에 이어 2001년에는 자금세탁사범까지 확대됐다.

관세사범의 경우 범칙금액이 일정한 기준을 넘으면 검찰에 고발하고 그 미만인 경우 세관장이 범칙금을 부과하고 사건을 종결시키는 소위 통고처분을 할 수 있다. 1996년부터 범죄행위가 밀수출입죄나 부정수출입죄에 해당하는 경우 물품원가 1,000만 원 이상, 관세포탈죄나 부정감면죄의 경우 500만 원 이상이 검찰 고발대상으로 규정됐다.

고발대상과 통고처분대상을 구분하는 양정기준은 상당히 중요하다. 통고처분의 기준이 낮아 세관 등 사법경찰관의 자격을 부여받은 세관 조사관의 업무영역이 축소되면 많은 사건에 더욱 엄격한 사법절차가 적용될 수 있는 반면 수사절차가 검찰에 의해 다시 시작되는 단점이 있다. 기준이 높으면 수사절차가 빨리 종료되어 피의자가 편리한 반면 세관의 업무영역 확대로 자칫 철저하지 못한 수사를 초래할 수 있다. 따라서 양정기준은 두 가지 상충된 사회적 이익의 균형점에서 설정되어야 한다.

관세사범을 포함하여 세관이 처리하는 모든 범죄사건을 분석한 결과 검찰에 고발한 건수는 1996년 542건에서 2002년에는 3,067건으로 4.7배나 증가하고 있었다. 건당 사건금액도 1억 2,000만 원에서 2002년에는 2억 8,000만 원으로 증가했다. 한편 전문성이 높기로 정평이 나있는 세관의 수사능력에 대해서는 검찰에서도 신뢰하고 있는 것으로 파악됐다.

검찰고발 건수가 급증함에 따른 불편을 해소하기 위해 법무부, 대검찰청과 양정기준을 재조정하기로 했다. 2004년 1월 20일 밀수출입죄 등의 양정기준을 1,000만 원에서 3,000만 원으로, 관세포탈죄 등의 양정기준은 500만 원에서 2,000만 원으로 상향조정하는 안을 냈다. 이 부분은 관세청 조사감시국의 오랜 숙원이었으나 그간 검찰의 비위를 거스를까봐 주저했던 일이었다. 이 문제를 해결하기 위해 실무적으로 협의를 하도록 했을 뿐만 아니라 청장이 직접 나서서 검찰수뇌부와 협의한 결과 오랜 숙원사업의 하나를 해결해 낼 수 있었다. 법무부와 협의결과 각각 2,000만 원과 1,000만 원으로 상향조정하기로 했다.

양정기준을 상향조정한 결과를 2003년 통계로 추산해 보니 관세사범으로 검찰에 고발한 건수가 658건에서 364건으로 감소했다. 결과적으로 세관의 조사직원은 294건에 해당하는 방대한 검찰고발서류를 따로 만들 필요가 없게 된 것이다. 검찰과 형사법원의 업무량도 줄어들었을 것이다. 무엇보다 그 294건과 관련된 피의자들은 검찰에 불려나가 세관에서 조사받은 내용을 다시 조사받을 필요가 없게 됐다.

시민과의 협력 – 자원봉사세관원

'작은 정부'가 정부개혁의 모토(Motto)가 된 적이 있었다. 규모는 작으면서도 효율적인 정부를 의미한다. 업무량이 증가한다고 그에 비례해 인력과 예산을 원하는 만큼 늘릴 수 있는 시대는 아니다. 현재 모든 부처가 안고 있는 공통된 현실적 한계일 것이다.

자원이 없다고 일을 하지 않을 수도 없는 상황이다. 합리적인 대안이 모색되어야 한다. 어떤 일은 민간부문이 보다 효율적으로 수행할 수 있다. 이런 일은 민간부문에 아예 맡겨버리는 것이 좋다. 아웃소싱(Outsourcing)의 논리다. 민간부문의 자원을 공공부문으로 끌어들일 수는 없을까? 제3섹터(the Third Sector)는 반관반민(半官半民)의 상호협력에 의한 사업방식에 적용되는 이론이다.

인력이나 자원이 부족하기는 관세행정도 마찬가지다. 폭증하는 무역량을 감안하여 1996년부터 수출입면허제가 수출입신고제로 바뀌었다. 신고내용의 확인은 통관 이후로 돌려졌다. 신고제로 바뀌었어도 연간 약 400만 건에 달하는 신고내용을 실제 다 확인할 수는 없다. 극히 제한적인 부분만 실사를 한다. 그 나머지는 어떻게 할 것인가? 제3섹타 방식은 아니지만 민·관협력이 답이다. 오늘날 선진 행

---

3) 개정 교토협약 : 세계관세기구(WCO)에서 만든 세관절차의 간소화 및 조화를 위한 국제협약. 종전의 교토협약에 비해 회원국에 대한 구속력을 강화했다. 2005년 1월 현재 우리나라를 포함하여 37개국이 가입하였으며, 협정에 따라 40개 국가가 가입하면 자동발효된다.

정에서 강조되는 것이다. 각국의 서로 다른 세관절차를 조화시키고자 하는 개정 교토협약(Kyoto Convention)[3] 역시 이 점을 강조하고 있다.

우리나라 관세행정에서 민·관협력을 제도로 오랜기간 운영해온 사례가 '명예세관원제도'가 아닐까 생각된다. 세관에서 위촉한 명예세관원은 농수축산물 등의 밀수에 관한 정보를 제공하고 밀수방지를 위해 홍보하는 것이 주 역할이었다. 그러나 명예세관원들은 본인의 의사와 무관하게 위촉되어 사명감이 부족했다. 인센티브가 부족하다 보니 의욕적으로 활동하지도 않았다. 2002년 한 해에 밀수정보 제공 실적이 전무한 것으로 보아 그야말로 명맥만 유지하고 있다는 생각이 들었다.

명예세관원제도는 1993년부터 약 10년간 유지된 제도였다. 폐지하는 것보다 개선할 필요가 있었다. 내용과 이름을 바꾸어 2003년 7월에 탄생한 것이 '자원봉사세관원제도'다. 기존의 밀수정보제공이나 밀수방지의 홍보 외에 항만에서의 감시활동에 참여할 수 있도록 했고 세관의 행정에 대한 제도개선 의견까지 개진할 수 있도록 했다. 대상은 자발적인 희망자 중에서 엄선했고 부두에서 일하는 크레인이나 화물운송차량의 기사, 창고업체 종사자 등 밀수현장과 직접 관련이 있는 사람들 위주로 선발했다.

2004년 4월에는 전자상거래를 통한 짝퉁이나 음란물의 불법적인 반입 및 유통정보를 검색하는 '사이버자원봉사세관원' 22명도 모집했다. 서울세관에서 운영하고 있는 '사이버밀수단속센터'와 파트너인 셈이다.

현재 항만감시 활동이나 세관행정 홍보활동에서 자원봉사세관원들의 역할은 상당한 것으로 평가되고 있다. 2004년에는 이들의 정보제공을 통해 약 2억 7,000만 원 상당의 밀수품이 적발됐다. 조직과 사람을 늘리는 것보다 이제는 관계기관간에 네트웍을 구축하거나 민간과의 파트너십을 형성하여 일을 할 때이다.

아름다운 관세행정 파트너

스스로 원해서 세금을 납부하는 사람들이 얼마나 될까? 아마 대부분은 원천징수에 의해 마지못해 내거나 가능하면 적게 내려고 할 것이다. 그런 점에서 성실하게 세금을 납부하는 분들은 존경을 한 몸에 받아 마땅하다. 기업의 경우에도 마찬가지라 본다.

2004년 3월 3일 '납세자의 날' 기념행사가 열렸다. 대통령은 성실납세자가 행정절차상 뿐만 아니라 사회적인 예우나 평가 측면에서도 보람과 자부심을 느낄 수 있도록 성실납세자에 대한 우대방안을 마련할 것을 주문했다.

모범적인 성실납세자를 어떻게 선정하고 어떠한 인센티브를 부여할 것인가? 사실 관세의 성실납세자, 성실신고기업에 대한 우대제도들은 이전에도 시행하고 있었다. 관세징수업무를 총괄하는 관세청의 심사정책국에서는 신용담보제를 운용하고 특히 초일류세관 추진과제의 일환으로 2004년 4월부터 월별납부제와 자율심사제를 도입하여 시행하고 있었다. 물품의 수출입통관과정을 관리하는 통관지원국에서는 성실도에 따라 물품에 대한 검사비율을 차등하여 적용하는 시스템도 운영하고 있었다.

그러나 관세행정 전체적으로 통일된 성실납세자 개념이 없는 상태였다. 제도와 제도 간 연계성도 부족했다. 인센티브의 종류도 확대하고 다양화할 필요가 있었다.

이러한 배경에서 새로 도입된 것이 '아름다운 관세행정 파트너' 제도이다. 관세법 위반사실여부, 납세의 성실도, 업체에 대한 신용도의 평가등급, 수출입신고횟수와 관세납부실적 등을 종합적으로 고려하여 선정하기로 했다. 이러한 요건을 충족한 기업이 신청을 하면 민간위원이 참여하는 위원회에서 선정을 하도록 했다.

이렇게 '아름다운 관세행정 파트너'로 선정된 업체에 대해서는 통관과정에서의 물품검사가 생략되고, 세무조사도 2년간 면제한다. 또한, 수입화물 통관시 사후관세납부를 위하여 요구되는 담보제공시 별도의 담보물 제공없이 신용만으로 담보물을 제공한 것으로 인정하는 신용담보의 한도도 대폭 확대된다. 그외에 각종 정부포상이나 표창의 우선 추천대상이 되고, 인터넷 전용상담창구를 이용하여 세관공무원과 필요한 상담을 할 수도 있다. 관세행정상 허용되는 최대한의 인센티브를 주도록 한 것이다.

2004년 12월 13일 최초로 개최된 선정위원회에서 엄격한 심사를 거쳐 14개 업체를 아름다운 관세행정 파트너로 선정했다. 엘지필립

스엘씨디, 대한화섬, 삼일방직, 원지금속, 로옴코리아, 한국메티슨특수가스, 포스렉, 해성아이다, 한국화낙, 현대엘씨디, 한국오웬스코닝, 한국태양유전, 알덱스 및 한국코닥 등이다.

아름다운 관세행정 파트너는 앞으로도 계속 확대시켜 나갈 예정이다. 아름다운 파트너가 많으면 많을수록 관세행정도 더욱 아름다워질 것이다.

The government for the Best

02

:
:

국제 관세협력 활동의 지평을 넓혀라

다채널 관세협력 시대를 열고

우리나라 정부부처는 대부분 국제협력부서를 두고 있다. 다른 나라의 정책이 자국의 정책에도 깊이 영향을 미칠 수 있는 개방된 경제환경 아래에서는 부처단위에서도 상호 이해의 폭을 넓힐 수 있는 선린관계의 구축이나 활발한 정보교류가 매우 중요하다.

관세청도 양자간 협력이나 다자간 협력을 활발하게 하고 있다. 양자간 협력은 주로 관세청장회의를 통해 이루어진다. 부임 후 몇 번의 관세청장회의를 하면서 느끼게 된 것은 미국, 중국, 일본 등 주요 교역상대국 중심의 연례행사로 형식에 치우친 면이 없지 않았다는 점이다. 그간 국제회의 경험에 비추어 볼 때 관세청장회의를 보다 내실화할 필요가 있다고 생각했다.

특히 신흥시장 국가들의 관세당국과 교류가 미흡하여 우리나라 수출기업이 현지에서 통관애로를 겪더라도 그것을 적기에 해소해 줄 수 있는 마땅한 채널이 없는 처지였다. 새롭게 부상하고 있는 신흥시장 국가에 진출한 우리 기업의 수출활동 및 통관애로를 해소하기 위해 국제협력의 지역적 범위를 확대하기로 했다.

먼저 관세청장회의를 개최하여 새롭게 협력채널을 구축할 필요가 있는 국가를 검토해 보았다. 칠레, 멕시코, 헝가리 그리고 북유럽과 노르웨이가 물망에 올랐다.

칠레와는 2004년 4월 1일부터 자유무역협정(FTA)을 발효하기로 예정되어 있었다. 자유무역협정의 효율적 이행을 위해서는 무엇보다 양국 관세당국간 업무협조가 절실한 시점이었다. 멕시코는 우리나라의 중남미 최대 수출시장인 북미자유무역협정(NAFTA)의 회원국으로 아메리카대륙 전체 국가들과의 교류활성화를 위한 중요한 교두보로 역할을 할 수 있는 국가였다.

헝가리는 동유럽 국가 중 우리나라 최대의 수출국이었고 노르웨이 또한 북유럽의 중요한 교역 파트너였다.

이들 중 칠레나 노르웨이는 관세당국간 직접적 교류가 없는 관세협력의 불모지였다. 헝가리나 멕시코와는 그동안 세관상호지원협정 체결을 위해 협상하고 있었으나 진도가 부진하여 실질적인 교류가 있었다고 보기 힘든 국가였다.

이런 상황에서 이들 국가와 관세청장회의를 개최하여 우리나라 수출기업을 지원할 수 있는 '통관애로사항 해결 전담창구'를 개설한다는 것은 쉽지 않은 과제였다. 하지만 이들 국가와의 관세당국간 교류 채널을 구축하는 것은 우리나라 수출기업들에게 큰 도움이 될 수 있는 사안이었다.

칠레에서 헝가리까지

시발점은 우리나라와 첫 FTA 체결국가인 칠레였다. 관세청은 FTA 실무집행기관이다. 따라서 FTA를 체결하게 되면 무엇보다 양국가간 긴밀한 협력체체를 구축할 필요가 있다. FTA가 발효되기 직전인 2004년 3월 30일 제1차 한·칠레 관세청장회의를 개최했다.

양국간 FTA의 성공적 이행을 위한 관세행정 실무차원에서 협력채널이 구축된 것이다. FTA 체결에 따라 발생할 수 있는 허위 원산지에 의한 우회수입 등 부정무역의 발생을 사전에 예방할 수 있게 됐다. 아울러 상대국 통관과정에서 자국기업이 애로에 봉착했을 때 이를 해소할 수 있는 접촉창구로 양국 관세청의 국제협력과장이 지정됐다. 칠레를 방문한 김에 그 인접국인 페루와도 제1차 관세청장회의를 개최했다.

멕시코와는 2004년 6월 4일, 북유럽의 해운강국인 노르웨이와는 2004년 6월 28일 각각 제1차 관세청장회의를 개최했다.

오스트리아와 헝가리는 중·동부유럽의 전략적 요충이다. 이들 국가와의 교역량은 계속해서 증가하고 있는 추세인데 오스트리아의 경우 2000년 5억 달러에서 2004년 11억 2,000만 달러로, 헝가리의 경우 2억 9,000만 달러에서 9억 3,000만 달러로 늘어났다. 이들 국가와의 제1차 관세청장회의는 2004년 10월 15일과 18일에 각각 개최했다.

우리나라와 교역량이 증가하는 국가들과의 새로운 관세협력의 기틀을 마련하면서 우리의 작은 생각의 변화가 양국간 통관마찰을 사전에 예방하고 우리 수출기업의 통관애로를 해소하는데도 큰 도움을 줄 수 있는 계기가 마련된 것이다.

반부패 세계포럼(Global Forum)과 관세행정

국내외에서 정부의 청렴성에 대한 논의가 활발해지고 있다. 대내적으로는 2002년 1월부터 대통령 직속의 부패방지위원회가 출범했다. 부패한 행태나 거래관행이 국제무역의 중대한 저해요소라는 인식이 국제사회에 널리 확산되고 있다.

청렴성 논의의 대표적 국제기구는 OECD로 '국제상거래에서 외국공직자에 대한 뇌물공여 방지에 관한 협약'을 제정하여 1999년 2월부터 시행하고 있다. 동 협약에는 우리나라를 비롯한 OECD 34개국이 가입하고 있다.

국제연합(UN)은 2003년 반부패협약을 제정·조인한 바 있다. 국제무역기구(WTO), 세계은행(World Bank), 국제통화기금(IMF), 세계관세기구(WCO), 아시아태평양경제협력회의(APEC) 등 많은 국제기구도 청렴성 논의를 공식화하고 있다.

청렴성에 관한 논의는 민간부문에서도 매우 활발하다. 국제투명성기구(TI ; Transparency International)는 해마다 각국의 부패지수를 측정하여 공표하고 있다.

부패척결을 주제로 하는 정부간 국제회의에 '반부패 세계포럼(GF ; Global Forum on Fighting Corruption and Safeguarding Integrity)'이 있다. 1999년 미국 워싱턴에서 개최된 제1차포럼(GF Ⅰ)에는 세계 90개국의 반부패관련장관이 참석하여 부패의 원인과 사회적 영향을 논의했다. 아울러, 경찰, 사법기관, 세관, 금융감독기관, 조달기관 등 특정분야의 부패방지 대책도 함께 논의하기 시작했다.

격년제 및 대륙순환개최 원칙에 따라 제2차 반부패포럼(GF Ⅱ)은 2001년 4월 헤이그에서 개최됐고 2003년 5월에는 서울에서 제3차 반부패포럼(GF Ⅲ)이 개최됐다.

세관의 청렴성은 무역원활화에 도움이 된다는 생각에 서울 반부패포럼에서 세관의 청렴성 논의를 우리 관세청이 주관하기로 했다. 그러자 감사관실에서 부정적인 입장을 피력했다. 그간 관세청은 세관 청렴성 증진을 위해 관세행정을 전산화하고 '깨끗하고 투명한 세관 만들기(C&TC)운동'을 전개하는 등 나름대로 청렴성에 관한 자부심을 갖고 있었다. 그런데 우리가 세관 청렴성 논의를 주도한다면 스스로 부패한 기관임을 자인해 버리는 결과가 되지 않을까 하는 우려에서였다.

그러나 이미 세계관세기구(WCO)에서도 아루샤선언[4]을 통해 세관 청렴성에 관한 논의를 공식 제기해 놓은 상태였다. 우리나라에서 개최되는 국제회의인 만큼 회의를 적극적으로 주재하되, 우리 관세행정의 우수성을 홍보하는 기회로 활용하면 내부의 우려는 불식시킬 수 있다고 생각했다.

'세관의 투명성제고'(Managing Integrity in Customs)라는 주제로 세관부문의 국제적인 반부패 전문가, 국제관세사회의 지도자 등 13명을 연사로 초청했다. 또 국내전문가도 참여하여 한국의 반부패 노력과 성과에 대해 발표할 수 있도록 했다.

회의에는 WCO의 사무총장과 총회의장 등 5개 국제기구와 뉴질랜드 관세청장 등 41개국의 지도자급 인사 90여 명이 참가하여 성황리에 마칠 수 있었다. 세관절차간소화, 전산화를 통한 대민접촉의 최소화, 민원처리과정의 온라인 공개 등 투명성을 제고하기 위한 우리나라 관세청의 다양한 부패방지 노력들을 소개했다. 또한 부패방지를 위한 한국관세사회와의 민관협력 사례를 소개하기도 했다.

'깨끗하고 투명한 세관 만들기 운동', '관세공무원 행동강령' 등은 참가자들로부터 호평을 받았다. 아울러 수준 높은 국제회의의 진

---

4) 1992년 WCO의 전신인 관세협력이사회(CCC : Customs Cooperation Council)에서 채택한 세관부문의 좋은 행정(Good Governance)과 청렴성에 관한 관세협력이사회 선언을 말한다.

행과 품격있는 행사로 우리나라 관세청의 위상을 높일 수 있는 계기
가 되기도 했다.

서울 이니셔티브

아시아와 유럽의 회원국 간 무역의 원활한 흐름과 안전에 대한 협
력방안을 논의하기 위하여 2003년 9월 서울에서 제5차 ASEM 관세
청장회의가 개최됐다. 원래는 글로벌포럼과 함께 5월 말에 개최하기
로 예정되어 있었는데 당시 중국, 동남아를 휩쓴 중증급성호흡기증
후군(SARS)으로 인해 연기된 것이다.

반부패 포럼과 마찬가지로 우리나라에서 열리는 회의이므로 주도
적으로 이끌고 나갈 필요가 있다고 생각했다. 회의를 주재하면서
WTO 칸쿤 각료회의의 실패에 따른 지역별 무역자유화 촉진의 필요
성을 강조했다. 그리고 범아시아지역의 관세자유지역 구축을 위한
비전을 제시하고 향후 관세행정 발전방향에 대하여 역설했다.

범아시아지역에서의 관세자유지역 구축에 관한 구상은 현재 아시
아 국가간 FTA 등 지역경제협력활동이 활성화 되고 있고 궁극에 가
서는 EU와 같은 경제공동체의 탄생도 가능할 것이라는 생각에서 비
롯한 것이었다. 이는 ASEM의 같은 회원국인 유럽 관세청장들에게
도 관심을 끌만한 제안이기도 했다.

그래서 EU 경제통합 과정에서 있었던 EU 회원국들간의 통관절차

및 관세제도의 조화를 위한 노력과 경험을 벤치마킹하여 아세안(ASEAN)과 한중일을 포괄하는 범아시아지역에서의 관세자유지역 구축을 위한 연구작업을 시작할 것을 제안했다.

'서울 이니셔티브(SI : Seoul Initiative)' 이다. 이 제안에 대해 회원국들이 적극적으로 동의함에 따라 우리나라 관세청은 아시아지역 관세분야 협력활동에서 주도적인 역할을 수행할 수 있는 계기를 마련하게 됐다.

이 회의 이후 관세청은 서울 이니셔티브가 단순한 선언에 그치지 않도록 하기 위해서 구체적인 실행방안을 마련해 왔다. 2004년 3월부터 대외경제정책연구원(KIEP)과 공동으로 서울이니셔티브 연구작업에 착수했다. 같은 해 5월에는 각계의 의견을 수렴하기 위해서 EU와 ASEAN의 대표, 동아시아와 유럽의 세관당국자, 학자와 민간전문가 등 15개국에서 30여 명이 참석한 '서울 이니셔티브 국제컨퍼런스'를 개최했다.

서울 이니셔티브 이행계획(Action Plan)은 현재 최종 확정 단계에 있다. 이행계획이 확정되면 2005년 영국에서 개최될 제6차 ASEM 관세청장회의에 보고하고 단계적으로 아시아 역내국가에서 실행에 옮겨질 것이다.

우리는 글로벌 시대에 살고 있다. 국제관세법, 즉 관세법의 글로벌 스탠다드라 할 수 있는 개정 교토협약에 EU국가 대부분이 가입함에 따라 이 협약은 곧 발효될 것으로 예상된다. 이제까지 많은 변화에도 불구하고 관세행정은 글로벌 스탠더드에 맞추어 더 탈바꿈해야 하는 중요한 시점에 와 있다. 변화가 불가피하다면 이를 미리 감지하고 주도적으로 대처하는 자세가 필요할 것이다. 서울 이니셔티브도 그런 노력의 하나이다.

범죄수사도 국제협력시대

이제는 범죄수사도 국제간 협력이 필요하다. 물품의 통관과 관련된 범죄는 국제무역거래에서 발생하는 것이므로 효과적인 범죄수사를 위해 세관당국간에 서로 협력하는 공조체제가 반드시 필요하다는 생각이 들었다. 기회가 있을 때마다 국제 공조수사체제의 중요성을 강조했다.

2004년 2월 부산항에 도착한 화물 중 가짜 말보로 담배가 적재되어 있다는 정보가 세관에 입수됐다. 세관은 이 화물이 홍콩으로 운송된다는 사실을 확인하고 부산항을 출항할 때 말보로의 상표권자가 있는 미국의 세관당국에 즉시 통보했다. 미국 세관당국은 이 화물을 계속 추적하여 최종 도착지인 싱가포르에서 2004년 2월 24일 말보로 가짜상표가 부착된 담배 4만 7,500보루를 압수했다. 이는 우리나라와 미국, 싱가포르 3국 세관이 공조수사를 하여 이룩한 성과였다.

그 이외에도 2003년 2월에는 부산항을 경유하여 홍콩, 이탈리아로 운송되는 화물 중 가짜 담배가 적재됐다는 정보를 입수했다. 즉시 홍콩 및 이탈리아 세관과 공조하여 최종 목적지 이탈리아 세관에서 독일산 가짜담배 860상자를 검거하는 성과를 거두기도 했다. 헝가리

세관과의 협조에 대해서는 감사편지가 오기도 했다.

> 한국 관세청이 2004년 6월 11일 제공한 정보와 관련된 화물 컨테이너를 전량 검사한 결과 Benson & Hedges 39,324 C/T을 홍차로 위장한 것을 적발하였습니다.
> 금번 대규모 담배밀수사건에 대한 정보를 제공한 한국 관세청에 감사드립니다. 향후에도 긴밀한 협조를 부탁 드립니다.
>
> 헝가리세관 범죄수사 과장(Tunde Kanta)의 편지 중에서

2003년 11월에는 최초로 중국 세관과 공조수사를 했다. 이때 국제항공편을 이용하여 특급우편물 형태로 밀반입되는 약 3억 원 상당의 히로뽕 95.7g을 통제배달(Controlled Delivery)이라는 수사기법으로 범인까지 검거하는 성과를 거두었다.

또한 2004년 11월에는 필리핀-인천공항-괌 루트의 특급탁송화물에 숨겨온 히로뽕을 적발했다. 이를 괌 소재 미국마약청(DEA) 지부로 신속히 통보하고 통제배달을 실시하여 역시 관련자 3명을 검거했다.

2003년 12월에는 태국으로부터 인천국제공항에 도착한 환승여객의 화물에 아편 약 10kg이 숨겨진 것을 확인하고, 환승객의 목적지인 미국 애틀랜타의 세관에 통보하여 총 5명의 마약사범을 검거하고 20kg의 아편을 추가 검거하기도 했다.

이들 사례는 모두 지적재산권침해나 불법마약류 단속을 위해 국제협력이 얼마나 중요한지를 보여주는 모범적 사례로 평가될 것이다.

시너지효과를 창출하라

해신(海神)의 후예들

신라 말 청해진을 무대로 동아시아 해상질서를 주도한 무역왕 장보고의 일대기를 그린 TV드라마 '해신(海神)'이 한창 인기다. 무역강국으로 거듭나고 해양국가로 발돋움해야 한다는 주장이 제기되고 있는 오늘의 현실에서 시사하는 바가 크다고 본다.

인접국 중국과의 무역은 우리나라의 역사와 뗄레야 뗄 수 없는 관계이기도 하다. 중국에 사회주의 정권이 들어서면서 한 때 양국간 공식적인 무역활동이 단절되기도 했으나 1993년 한중수교와 함께 재개됐다. 정상적인 무역과 함께 우리나라와 중국을 오가는 화객선(貨客船)을 이용한 소위 '보따리무역'도 성행하기 시작했다.

특히 IMF 외환위기로 경제가 어려워지면서 1998년 보따리무역은 절정에 달했다. 학원가에서는 보따리무역에 관한 강좌가 생겨나기도 했다. 보따리상들의 활약을 미화한 '장보고의 후예들' 이란 영상물이 관계기관 대책회의에서 상영되기도 했다.

한·중 보따리상의 문제는 관세행정에서 가장 골치 아픈 일들 중 하나다. 경제가 어려울수록 생계형 보따리상이 늘어가고 이들이 반입하는 중국산 농산물은 증가한다. 반대편에선 단속을 요구하는 농민단체의 목소리가 높아진다. 세관의 단속이 강화되면 농성이 벌어진다. 2002년에 35회, 2003년에 18회의 농성이 벌어졌다. 최근에는 인천, 평택, 속초 등 항만간 보따리상 연대농성 조짐도 보이고 있다.

검사직원에 대한 폭언이나 협박으로 입국장의 질서가 위협받기 일쑤다. 보따리상의 반발로 인한 입국장 질서를 유지하기 위해 본부세관 단위의 광역지원팀을 운영하도록 했다. 인천항만 해도 본부세관이 있어 비상상황이 발생하면 인력을 긴급하게 투입할 수 있는 여력이 있었으나, 평택이나 속초항에서 발생하면 적은 세관인력으로 대처하기 어려웠고 이로 인해 공권력이 심각하게 훼손되는 상황이 발생했다. 농성상황의 전개에 따른 단계별 행동지침도 마련했다. 경찰 등 관련기관과의 상시협력체제도 구축했다. 다행히도 2004년에는 인천, 평택, 속초, 군산 등 한·중 화객선이 운항하는 4개 항만에서 농성은 3회로 줄었다.

세관의 노력만으로는 보따리상 문제가 근본적으로 해결되기는 어려운 일이다. 범정부적으로 관련기관이 머리를 맞대고 해결하려는 노력을 보일 때 문제해결의 실마리가 풀려나갈 것이다.

광역조사 시스템과 감시정 운용 효율화

　관세청조직은 본청 밑에 본부세관이, 본부세관 밑에 세관이 있다. 또한 본부세관이나 세관 밑에 필요한 경우 출장소를 두고 있다.[5] 본부세관과 세관, 출장소가 모두 밀수를 조사하는 업무를 수행하고 각각 조사인력을 두고 있다. 그런데 2002년부터 최근 3년간 실적을 분석해보니 3개 세관과 9개 출장소에서 검거실적이 아예 없거나 아주 미미했다. 특히 공항만보다 내륙지에 있는 세관에서 검거실적이 아주 낮았다.

　그전부터 광역조사체제라 하여 본부세관장이 필요시 그 산하세관의 조사요원을 지휘하고 통할할 수 있도록 하고 있었다. 그러나 본부세관 중심의 합동조사는 거의 이루어지지 않았다. 실질적인 광역조사체제 강화를 위하여 세관의 의견을 들어보았다. 본부세관은 산하세관의 일까지 처리하게 되면 업무량만 늘어날 것을 우려했다. 산하세관은 자신의 일을 본부세관이 처리하게 되면 기관평가에서의 불이익과 지역사회에서의 대외활동이 위축될 것을 우려하고 있었다.

　광역조사 시스템을 강화하기 위해 본청에서 지시하는 조사는 반드

---

5) 출장소보다 더욱 단순한 업무를 처리하는 기관으로 감시소도 있다. 본부세관, 세관, 출장소, 감시소 등을 통털어 '세관'이라 부르기도 한다.

시 본부세관을 통하도록 했다. 본부세관장이 어느 세관에서 조사를 수행할 것인가를 결정하게 했던 것이다. 아울러 본부세관장은 필요시 산하세관의 조사요원을 동원할 수 있도록 했다. 산하세관장은 권역 내에서 사건이 발생하면 사건의 규모 등을 감안하여 본부세관장에게 인력지원을 요청할 수 있는 시스템을 갖추었다. 산하세관의 적극적 참여를 유도하기 위해 본부세관에서 이첩시켜 처리한 사건의 평가에서 산하세관의 기여비율을 높였다.

광역조사 시스템이 강화되면서 내륙지세관의 조사업무도 활기를 띠었다. 대전세관은 내륙지세관의 하나다. 인삼하면 떠오르는 금산은 대전세관 관할이다. 2004년 5월 밀수신고 전용전화(125)에 중국산 인삼의 밀수에 관한 정보가 들어왔다. 밀수입경로와 유통관련자를 조사해야 했다. 밀수조직까지 검거해야 했다. 그러나 대전세관 조사인력은 2명에 불과했다. 광역조사 시스템을 가동하여 대전세관의 상급기관인 서울본부세관의 인력을 보강했고 그 결과 사건이 효율적으로 마무리 될 수 있었다.

해상에서 이루어지는 밀수행위 등을 감시하기 위해 배치한 감시정(監視艇)의 운용도 비효율적인 측면이 있었다. 전국 항만세관 중 제주나 사천의 경우 외항선 입항실적도 적고 해상 밀수의 가능성도 현저히 감소했음에도 과다한 감시정을 보유하고 있었다. 이에비해 서남해안으로의 밀수가능성이 높음에도 광양, 평택세관에는 감시정이 배치되어 있지 않았다. 또한 울산항의 경우 외항선 입항이 많아 감시정의 수요가 증가하고 있었다. 이에따라 감시정 수요가 적은 세관의 감시정을 필요한 지역으로 재배치했다. 감시종합 정보 시스템 구축, 컨테이너 X-Ray 검색기 도입 등 주요 항만 세관의 감시체계가 강화됨에 따라 그렇지 못한 항만으로의 우회밀수에 효과적으로 대처하기 위해서였다.

일한만큼 알려라

정책 50%에 홍보가 50%

우리 직원들에게 기회가 있을 때마다 강조하는 것 중의 하나가 홍보의 중요성이다. 어떤 정책을 입안할 때 그것을 만드는 데 드는 힘이 50%라면 이해당사자나 국민들에게 효과적으로 홍보하는 게 나머지 절반의 몫이다.

기업은 이미 오래전부터 홍보의 중요성을 알고 많은 비용과 인력을 투입해 왔다. 많은 자금과 온갖 기술을 동원해 만든 제품이라도 소비자들에게 제대로 알려지지 않으면 팔리지 않고, 그것이 결국 기업의 운명을 좌우할 수도 있게 된다. 반대로 홍보가 잘 되면 제품은 날개가 돋친 듯 팔리고 브랜드 가치도 올라가 세계적인 기업으로 성장해나갈 수도 있다. 그만큼 홍보는 중요한 영역이다.

　정부의 정책도 이제는 하나의 상품처럼 취급된다. 아무리 좋은 정책도 적절한 홍보가 뒤따르지 않는다면 국민에게 외면받기 십상이다. 오히려 정부정책이 제대로 알려지지 않게 되면 불필요한 논란은 물론 국론분열까지도 빚어져 기업의 홍보실패보다 더 큰 사회적 비용을 초래하게 된다.

　정부가 일방적으로 정책을 발표하고 따라오라고 요구하던 과거에는 적극적인 홍보의 중요성이 적었다. 홍보에 대한 마인드도 부족했던 것이 사실이다. 관행대로 출입기자 등 한정된 사람들만 대상으로 홍보가 이루어지고 있었던 것이다.

　적극적인 홍보를 위해서는 직원들에게 홍보 마인드를 심어주는 것이 중요하다. 관세공무원들도 다른 공무원들과 마찬가지로 좋은 일이나 나쁜 일이나 언론에 노출되는 것에 대해 극도의 거부감을 갖는 경향이 있다. 과거 일부 잘못된 언론보도로 피해를 입은 경험 때문일 수도 있다. 그러나 이제는 자기가 한 일을 제대로 알리기 위해서는 적극적으로 홍보에 나설 수밖에 없다.

알찬 보도자료 만들기와 일한만큼 알리자

　관세청의 홍보도 출입기자 중심으로 보도자료를 배포하고 정작 중요한 이해당사자나 국민에 대한 홍보는 다소 소홀했던 것이 사실이다. 그나마 제공되는 보도자료 마저 기관장 동정이나 인사, 그리고 밀수관련 사건 · 사고와 관련된 자료가 많았다.

우선 충실한 보도자료를 만들어 내는 게 급선무였다. 보도자료는 보는 사람들이 궁금한 점이 없도록 관련 통계나 뒷이야기 등을 항상 첨부토록 했다. 중요한 안건에 대해서는 청장은 물론 담당 국 · 실장이 직접 기자브리핑을 하도록 했다.

보도자료의 제공시기도 중요하다. 계절적인 특성이나 명절을 전후한 관세청의 대책 등을 입체적인 자료와 함께 홍보하도록 했다. 특히 '초일류세관추진위원회' 등을 개최할 경우에는 통관시간단축 등 초일류세관 추진성과들을 TV, 라디오방송 출연, 인터뷰, 각종 언론매체에 대한 기고 등 다양한 홍보수단을 통해 국민들에게 알리도록 했다. 이러한 결과 보도자료 제공건수가 급증하고 관세청기사에 대한 언론보도도 과거에 비하여 대폭 증가했다. '일한만큼 알리자' 는 것이 우리의 홍보 목표였다.

아울러 국가 전체적으로 파급효과를 미치는 사안의 경우에도 관세청과 관련된 부분을 부각시켜 홍보하도록 했다. 2004년 초 국제 원자재가격 상승에 따라 국내 기업들도 어려움을 겪고 있었다. 원활한 원자재수급을 위해서는 원자재수입이나 통관에 관한 문제가 반드시 제기되곤 한다. 대책마련 단계에서부터 관심을 갖고 홍보하기 시작했다. 원자재의 원활한 통관을 위한 관세청의 노력이 언론에 의해 제대로 평가되기도 했다. 화물연대의 파업이나 태풍매미의 영향으로 수출입화물의 흐름에 어려움이 생겼을 때도 마찬가지였다.

서비스 정신을 담은 홍보도 생각해보았다. 관세청은 우리나라의 무역에 관한 자료를 집적하고 통계를 생산하는 기관이다. 다양한 내용의 통계를 분석하면 일반국민에게 관세행정을 쉽고 친근하게 홍보할 수 있을 것 같다는 생각이 들었다. 경제가 어려우면 애완동물들이 밖으로 버려지는 경향이 있다.

2004년 10월 애완동물 수입동향을 분석했다. 아니나 다를까? 신세대와 장년층이 선호하는 애완견, 이구아나, 고슴도치, 기니에피그 등 애완동물들의 수입이 50% 정도 감소한 것으로 나타났다. 이를 정리하여 흥미있는 기사거리를 제공하였다.

이렇게 해서 관세청이 배포한 보도자료는 2001년 101건, 2002년 155건에서 2003년 232건, 2004년 220여건으로 늘어났다. 휴일이나 공휴일을 제외하면 하루에 한 건 이상을 제공한 셈이다.

2004년 말에 있었던 일이다. 관세청 직원의 자녀가 다니는 어느 초등학교에서 아버지의 직업과 관련된 수업이 있었던 모양이다. 학생들마다 아버지의 직업을 말하고 그것을 설명하는 시간이었다고 한다. 직원의 자녀는 그날 신문에 보도됐던 '관세청 물류시간단축'에 관한 기사를 복사해 활용했다고 한다. 초등학생이니 정확하게 설명할 것을 기대할 수야 없었다. 그러나 '나는 국가를 위해 봉사하는 아버지가 자랑스럽다'는 말로 마무리했다는 이야기를 들었다. 언론홍보가 직원들의 행복에도 영향을 미친다는 사실을 새삼 확인할 수 있었다.

국민에게 직접 알려라

　기업에서는 고객관리 시스템(CRM ; Customer Relationship Management)을 오래전부터 마케팅 활동에 도입하여 활용해 왔다.

　참여정부도 민간부문의 CRM을 도입했다. 정책고객서비스(PCRM ; Policy Customer Relationship Management)다. 국민과 직접 대화할 수 있는 통로를 만들기 위해 각 부처마다 정책고객 데이터베이스를 구축해 이메일을 통해 부처의 정책을 홍보하거나 의견을 수렴해오고 있는 것이다. 정부의 PCRM 도입은 정부정책의 홍보를 언론 등 일부만을 대상으로 하던 기존 방식에서 벗어나 직접 국민을 상대로 하게 됐다는 점에서 큰 의미가 있다.

　관세청도 정부정책에 맞추어 PCRM을 도입하고 운영지침을 마련했다. 나는 PCRM의 성공여부는 무엇보다 성실한 고객관리와 다양한 정보의 제공에 있다는 점을 늘 강조했다.

　새로 도입된 PCRM을 정착시키기 위해서는 기존고객 외에 새로운 고객을 확보하는 것도 중요했다. 각 부서별로 기존 고객 외에 새로운 고객 확보에 나서 2004년 말에는 기본고객 6,000여 명을 비롯해 연계고객 6,300여 명, 특정고객 6만 5,000여 명을 확보했다. 중복된 메일이나 불확실한 메일 등은 수시로 점검해 제거해 나갔고 발송성공률도 95%이상을 유지토록 했다.

　확보된 고객명단은 다시 일반국민, 수출입업체 종사자, 관세사, 대학교수 등으로 세분하고 각각 직능이나 직종에 적합한 차별화된 정보를 제공했다. 제공자 입장보다는 이를 받아보는 사람의 입장이 중요하다. 아무리 좋은 정보라도 이메일을 통해 받아본 고객으로부터 외면을 받는다면 스팸메일과 다를 바가 없기 때문이다.

예를 들어 보세판매장과 관련하여 달라지는 내용을 홍보하면서 보세판매장 종사자에게는 달라진 내용 자체를 홍보한 반면, 일반국민에게는 보세판매장을 보다 편리하게 이용할 수 있는 점에 주안점을 두고 정보를 제공했다.

이와 함께 고객들을 대상으로 정기적인 여론조사를 실시해 관세행정에 반영하고, 반영된 결과는 다시 고객에게 알려주는 환류 시스템도 구축했다. PCRM의 여론조사 시스템과 홈페이지 정책토론방을 활용해 관세정책 참여패널단을 모집하는 등 고객 참여도를 높이고, 국민참여를 활성화시킨 것이 그 예이다. 그 결과 2002년부터 2003년까지 관세청 홈페이지의 정책토론방에 의견을 제시한 고객이 40명에 불과했으나 2004년에는 111명으로 증가했다.

관세청의 체계적인 PCRM 활동은 2004년 상반기 정부의 PCRM평가에서 청 단위 우수기관으로 선정되기도 했다.

관세청은 PCRM의 중요성이 더 부각될 것에 대비해 전문가 그룹이나 여론주도층 등에는 정책정보를 원문으로 보내고 해외고객 발굴에도 적극 나서고 있다. 아울러 국정홍보처 등 다른 부처의 PCRM을 통해서도 관세행정을 알리는 방안을 모색하고 있다.

언론의 고마움과 아쉬움

언론이 관세행정에 대해 건전한 대안을 제시할 때 우리는 언론에 무한한 감사를 표한다. 정부조직의 눈으로 볼 수 없었던 관세행정의 문제점을 제3자의 입장에서 올바른 방향을 제시해줄 때에는 언론의 역할이 정말 크다는 것을 새삼 느끼곤 한다.

2004년 초부터 국내 건설현장에서는 모래가 부족해 아우성이었다. 그때 언론에서 보도한 내용은 대략 다음과 같은 내용이었다.

"정부에서 중국산 모래와 북한산 모래의 수입을 추진했지만 중국의 경우 환경에 대한 규제가 심해져 모래채취 허가를 받은 업체 외에는 일체 중단한 상태다. 북한의 경우에는 남북간 해운협정이 없어 제3국 선박을 이용하는데다 통관절차가 까다로워 대량의 모래를 수입하는데 한계가 있다."

언론에서는 모래의 통관절차를 간소화해 국내 건설현장에 차질없이 공급할 수 있도록 해야 한다고 지적했다. 그러자 당장 현안을 맞은 인천본부세관 직원들이 대책을 마련하기 시작했다. 대안으로 선박에 모래를 실은채로 통관하는 '선상통관제(船上通關制)'가 검토되었으나 찬반양론이 팽팽하게 맞섰다.

난상토론 끝에 인천본부세관에서 인천항으로 수입되는 모래에 대해 세관직원이 직접 배에 올라 통관절차를 진행시키는 선상통관제를 실시하기로 했다.

종전의 경우 수입모래는 항만 밖에 정박한 화물선에서 바지선에

> 이제까지 하던 대로 하면 되지, 외항에서 모래통관을 허용하다 모래 속에 밀수품이라도 숨겨오면 어떻게 하려고 하는가? 모래부족으로 골재부족난이 발생하면 건설교통부 등 다른 기관에서 다 알아서 할 텐테 우리가 나서서 할 필요가 뭐 있느냐? 북한에서 반입하는 모래는 폭발물 등 안보위해물품이 혼입되어 반입될 가능성이 크므로 현재와 같이 보세구역에 장치시킨 후 수입신고를 하도록 해야 한다.

> 세관이 불편해도 고객의 편리와 모래수입을 활성화시키기 위해 선상통관을 허용하자. 바지선에 담긴 모래에 무슨 밀수품을 실을 수 있겠는가. 밀수가 발생하면 그때 가서 대비책을 마련하자. 건설에도 많은 도움을 줄 수 있지 않은가?

2004년 8월 27일 인천본부세관 제6차 업무혁신 T/F팀 회의에서

옮겨 실은 후 부두로 운송한 뒤 하역작업을 마치고 보세구역까지 이동하는 등 11단계를 거치고 있었다. 선상통관제가 도입되면서 그 절차가 대폭 줄어들고 하역에서 신고까지의 시간도 2일에서 1일로 단축되어 모래 수급난을 해소하는 데 크게 기여했다.

뿐만 아니라 서울본부세관은 북한에서 육로로 수입되는 모래에 대해 북한 민족경제협력연합회에서 발급한 화물송장만 있으면 공인검증절차[6]를 생략하는 등 통관시간을 대폭 단축시켜 주었다.

---

6) 모래, 곡물 등 벌크상태로 수입되는 화물에 대하여는 통상 국내 공인검증기관에 의한 수량, 중량 등에 관한 검정서(Survey Report)를 필요로 한다.

반면 언론의 보도가 잘못되어 기관의 명예가 실추되는 경우에는 즉각적이고 원칙적인 대응을 주문했다. 공보담당관실은 매일매일 얼굴을 맞대고 사는 기자들을 대상으로 "법적 대응을 하기가 쉽지 않다"는 의견과 함께 "악의적 비난과 오보의 기준이 딱맞아 떨어지지 않는다"며 난색을 표하기도 했다. 그렇지만 어느 경우든 잘못된 보도에 대해서는 적절한 대응을 해야 한다고 본다.

2003년 10월쯤으로 기억된다. 어느 본부세관장이 세관직원에 대한 징계를 논의하기 위해 찾아왔다. 사연은 이러했다. 그 지역의 모 유명인사가 해외여행 후 입국할 때 입국장에서 우리 세관직원 한 사람과 휴대품 통관과정에서 사소한 논쟁이 발생했다는 것이다. 다툼이 발생하고 난 이후 그 인사가 "세관이 반대하여 그 지역 공항에 취항하려던 어느 국제항공사가 취항을 취소했다"는 발언을 했다. 뒤이어 그 지역의 일부 언론에서 그 인사의 말만 듣고 "세관의 반대로 국제노선 취항이 취소되어 지역경제에 악영향을 미치게 됐다"고 세관을 비난하는 기사를 냈다. 따라서 물의를 야기한 직원을 징계하겠다는 보고였다.

보고를 듣고 나는 우선 국제선 취항이 우리 세관의 반대 때문에 취소됐는지 여부를 확인한 후 직원에 대한 책임문제를 따지도록 했다. 만약 사실이 아니라면 해당 인사와 지역언론의 보도에 대해 엄정하게 대응하도록 주문했다. 그 본부세관장은 곧 해당 국제항공사측에 확인을 했다. 그러자 그 항공사는 우리 세관과는 무관하게 자체사정에 의해 취항을 하지 않기로 했다는 사실을 확인해 주었다.

세관으로 하여금 바로 지역신문의 오보에 대해 대응하고, 해당인사에 대해서는 세관의 명예를 훼손한 데 대하여 법적 대응을 하도록 조치했다. 이러한 대응으로 각 언론사로부터 해명기사와 사과문을 받아냈으며, 결국 해당인사로부터도 자기의 잘못을 시인하고 세관의 명예를 훼손한 데 대한 사과와 함께 법적대응에 따른 손해보상을 받아내기에 이르렀다. 이 일을 겪고 나서 오히려 지역주민들은 세관이 어려운 여건 속에서도 묵묵히 자기 일을 수행하며 지역발전을 위해 노력한다는 점을 이해하는 계기가 됐다고 한다.

제 3 장

사람과 자원

전문화와 슬림화

篇

전문가가 필요하다

인사는 공정하고 투명하게

스스로 변하게 만들어라

사기가 서비스의 질을 좌우한다

전문화가 곧 경쟁력이다

정부의 경쟁력을 거론할 때면 항상 공무원의 전문화 문제가 거론된다. 이러한 전문화 문제는 오랫동안 논의되고 또 지속적으로 검토해왔으면서도 뾰족한 묘안이나 해결방안을 찾지 못하고 있다.

나도 3S 운동이나 초일류세관 추진전략에 관세공무원의 전문화를 포함시켰다.

최근 관세행정 전문화가 새로운 전기를 맞게 된 것은 2002년 9월부터 '전문요원제도'를 도입하면서 부터이다. 순환보직을 자제하고 한자리에서 장기근무를 하게 하여 세관직원의 전문성을 높여주자는 취지였다. 그러나 아직은 출발단계였다. 전문요원 교육이나 전문가들끼리의 모임을 보다 활성화 시킬 필요가 있었다.

우선 전문요원으로 선발된 직원에게는 순환보직을 지양하고 장기근무할 수 있도록 제도화했다. 설문조사를 통해 직위별 보직경로도 다시 설정해 한 자리에서 자신의 능력을 마음껏 펼칠 수 있도록 했다.

관세공무원 교육과정도 전문요원의 기법 향상 중심으로 개편해 2003년에는 23회에 715명, 2004년에는 24회에 806명이 집중교육을 받도록 했다. 수입통관 검사요원들로 구성된 '아이시스' 등 17개 연구모임별로 예산에서 별도의 연구 활동비를 지급하고 이들의 연찬회, 세미나 등 자율적 활동도 적극 지원해 나갔다.

전문요원 스스로 지식관리 시스템의 '지식포럼란'을 통해 서로의 정보를 공유하기 시작했고, 활발한 토론 끝에 '국내선 이용 출국 수하물 환승절차 개선안' 등 각종 연구성과를 쏟아내기 시작했다. 이런 성과들이 곧바로 세관행정에 반영되면서 혁신의 결실로 나타났고, 전문요원들의 활동으로 조직 전체의 활력도 크게 증진됐다.

전통적인 세관업무이면서 전문요원제도를 두고 있지 아니한 분야가 감시분야였다. 그러나 테러방지 등 새로운 관세행정의 기능이 강조됨에 따라 감시행정의 중요성은 날로 더해가고 있다. 이에 감시분야에도 전문요원제도를 도입했다.

전문요원도 660명에서 706명으로 늘려 수요가 있는 세관에 적절히 배치했다. 전문분야 보직배치 비율도 출발당시 85%에서 90%대를 넘어섰다. 2003년과 2004년에만 전체 전문요원의 30%인 209명이 업무혁신과 제안 등의 공로로 각종 표창을 수상하였고, '이달의 관세인'이나 '업무유공자'로 선발되기도 했다.

한 가지 일에 능력을 인정받는 사람은 다른 일에서도 재능을 발휘할 가능성이 높다. 그런데 전문화라 하여 한 가지 분야에서만 일하게 하면 다른 분야에서의 능력을 발휘할 기회를 박탈하는 결과가 될 수도 있다. 하나의 분야에서만 오래 근무하다보면 매너리즘에 빠질 수도 있다. 직무범위의 확충(Job Enlargement)이 필요했다. 2005년부터는 다방면에 걸쳐 유능한 직원의 경우 본인의 희망에 따라 두 가지 이상의 분야에서 전문요원으로 지정받을 수 있는 '복수전문요원제도'를 도입하기로 했다.

표준매뉴얼, 살아있는 매뉴얼

우리나라 행정의 고질적인 문제점 중 하나는 우선 어떤 일에 대한 구체적 매뉴얼이 없다는 점이다. 법이나 시행령, 시행규칙 등을 정해 놓고 있지만 구체적인 문제에 부닥쳤을 때에는 이러한 법규만으로는 해결되지 않는 경우가 많다. 일선 현장에서는 전임자들이 해오던 일이 후임자에게 제대로 인계되지 않아 전임자들이 겪었던 시행착오를 다시 거치고, 일을 배울 만하면 다시 자리를 바꾸는 관행이 계속되어 왔다. 이러한 상황에서는 품질이 좋은 행정서비스의 제공은 불가능하고 이는 곧 고객들의 불만으로 나타나게 된다.

2003년 5월 3S 운동을 시작하면서 관세행정의 모든 분야에 걸쳐 매뉴얼을 작성하기로 했다. 우선 정책분야와 집행분야로 나눠 각각 하나씩 2개의 표준매뉴얼을 만들도록 요청했다. 그리고 이를 기본으로 해서 각 단위업무에 맞는 매뉴얼을 작성하도록 했다. 매뉴얼 작성에는 내부직원은 물론 외부전문가까지 참여해 구체적이고 세세한 분야까지 작성토록 했다. 예를 들면 여행자통관창구에서 휴대품검사를 할 때 대화요령에서부터 이들과 다툼이 일어났을 때 구체적인 행동요령까지 상세하게 기술하도록 했다. 2003년 말까지 이렇게 101건의 업무매뉴얼이 작성됐으며 이 매뉴얼은 현장에서 직원들에게 유용하게 활용되고 있다.

매뉴얼은 특히 2003년 9월 전국을 휩쓸고 간 태풍 '매미'가 상륙했을 때 그 역할을 톡톡히 해냈다. 초속 40m의 강풍을 동반한 매미는 부산항 신감만부두의 985톤급 크레인과 자성대부두의 835톤급 크레인을 무너뜨렸을 뿐만 아니라 3시간여 만에 부산해안지역에 큰 피해를 입혔다. 그러나 부산지역 각 세관은 미리 마련한 '재난·재해대비 안전관리매뉴얼'에 따라 신속하게 대응했다. 인명피해는 물론 감시용 선박과 각종장비에 별다른 피해를 입지 않고도 넘어갈 수가 있었다. 부산세관이 마련한 이 매뉴얼은 태풍 단계별 대처방안과 재해대책팀 편성 요령, 감시용 선박과 주요장비의 대피, 이동 및 즉각적인 피해현황 파악, 보고요령 등을 담고 있어 태풍이 몰아치는 급박한 와중에서도 당황하지 않고 차분하게 대처할 수 있었다고 한다.

이와 같이 작성된 매뉴얼은 모든 관세공무원이 일상업무를 처리하는 과정에서 활용토록 했다. 특히 신규직원을 배치하면 오리엔테이션과 함께 반드시 업무매뉴얼을 숙지하도록 하여 시행착오를 사전에 방지해 나가도록 하고 있다.

멘토링 시스템과 쌍방향 멘토링 시스템

신규공무원이 세관에 배치되어 오면 부딪치는 문제가 많다. 공직에 갓 들어온 신참이다 보니 조직생활 적응에도 힘들고 사전교육을 받았다고는 하지만 막상 현장에서 실무를 접하게 되면 서투른 것도 사실이다.

이러한 업무차질을 막기 위해 신규공무원이나 다른 부처에서 전입자가 올 때 상급자나 경험이 풍부한 직원을 후견인(Mentor)으로 지정해 원활한 의사소통과 현장실습을 해주도록 하고 있다. 소위 '멘토링 시스템'이다. 후견인은 행정경험이 많은 직원 중 '이달의 관세인' 등 업무수행실적이나 공사생활에 모범이 되는 훌륭한 직원들을 대상으로 정하도록 했다.

후견인들은 업무수행중의 궁금한 점이나 애로사항, 신상문제 등 모든 분야에 걸쳐 수시로 상담을 해주고 있다. 신규 공무원들은 "후견인 덕분에 쉽게 조직문화에 적응했고 업무처리 노하우도 빠르게 배울 수 있었다"는 편지를 보내오기도 했다. 관세청에 새롭게 진입하는 직원들은 표준매뉴얼과 더불어 살아있는 매뉴얼을 접하게 되는 셈이다.

반대로 선임자들에게 후배들도 각종 지식을 전달해주는 '쌍방향 멘토링' 제도도 시행되고 있다. 부산세관 화물검사과는 '디지털세대'인 후배들이 선임자들에게 컴퓨터 활용법이나 디지털기기 활용법 등을 알려주고 있다.

2004년 9월부터 시작된 이 제도는 컴퓨터를 능숙하게 다루지 못해 업무에 어려움을 겪는 선임자들을 보고 후배들이 자청해서 이루어진 것이다. 선임자들은 후배들로부터 '윈도우 활용법', '파워포인트 활용법' 등 기초적인 컴퓨터 기술에서부터 디지털카메라 활용법 등 다양한 지식전수가 이루어지고 있다.

이 제도를 처음 시작했을 때 선임자들은 "한참 어린 후배들에게 무엇을 배울 수 있는가?"라고 반문했다지만 지금은 후배들에게 배운 만큼 자신의 풍부한 행정경험을 그 후배에게 하나라도 더 전수 해주겠다는 의지가 대단하다는 소식을 듣고 있다.

외부전문가도 적소에

외부전문가의 영입은 전문적이고 효율적인 정책수립을 위해 꼭 필요하다. 국민의 정부 출범부터 각 부처에서는 주요보직 중 몇 개를 개방하여 민간부문의 전문가를 영입함으로써 공직의 경쟁력을 제고하려고 해왔다.

그러나 정부의 어떤 직위는 해당분야의 전문지식뿐 아니라 부처간의 상충되는 각종 정책을 조정하고 이해단체와의 마찰을 조율하는 행정능력이 요구된다. 단순히 전문지식만으로는 이런 업무를 효율적으로 수행할 수 없는 경우가 있다. 그럼에도 불구하고 각 부처가 중요자리 위주로 개방형 직위제를 운용하다보니 외부전문가가 쉽게 영입되기 어려운 실정이다. 따라서 전문지식이 꼭 필요한 분야부터 시행을 해보고 그 성과를 보아가며 다른 분야로 확산해 나가는 전략적 접근이 필요하다.

관세청도 본청 정보협력국장과 서울세관 통관국장이 개방형 직위로 지정되어 있었다. 하지만 이들 두 자리는 외부전문가가 감당하기에는 적합하지 않을 정도로 다양한 관세행정경험과 업무조정능력이 요구되는 자리이다. 따라서 외부에서 적임자를 찾지 못하고 사실상 내부에서 임용되고 있는 실정이었다.

외부전문가 채용의 실효성을 높이기 위해 2004년 중반에 행정자치부, 중앙인사위원회와 협의해 우선 서울세관 통관국장 직위를 본청 교역협력과장 직위로 돌렸다. 교역협력과장은 다자간 국제관세협력 업무를 다루는 자리다. 따라서 급변하는 국제무역의 환경변화를 세심하게 읽어내야 하고, ASEM, APEC 등 중요 국제기구 회의에도 참석해야 한다. 그러므로 국제적인 감각과 유창한 어학실력도 필요하다. 내부에서는 적임자를 찾기가 그리 쉽지 않은 자리였다.

개방형 보직을 교역협력과장으로 변경한 후 첫 공개모집공고를 낼 때는 말 그대로 기대반 우려반이었다. 그간 외부전문가를 채용할 때마다 별로 희망자가 없어서 수차례 추가 모집공고를 내야하는 경우가 많았다고 했다. 게다가 승진자리가 하나 줄어든다는 일부 고참 사무관들의 걱정과 함께 과연 외부에서 적임자가 지원할지 관심들이 많았다.

모집공고가 나가자 의외로 경험과 능력을 갖춘 많은 인원이 지원하여 오히려 선발에 어려움을 겪을 정도였다. 공정한 심사를 위해 중앙인사위원회로부터 추천받은 외부위원 5명과 내부위원 2명으로 심사위원단을 구성했다. 그리고 2004년 7월 관세청 사상 처음으로 외부에서 과장이 채용됐다. 새로 채용된 교역협력과장은 최초의 세관장급 여성공무원이기도 했다.

2000년 관세청에 납세에 대한 심사업무를 전담하는 심사정책국이 신설된 후 사후 세무 심사과정에서 기업들에 대한 세금추징금액이 크게 늘어났다. 세관의 추징금액이 늘어나고 납세자의 권리의식이 향상되면서 각종 세금추징관련 소송이 해마다 급증추세를 보였다.

관세청은 2001년 이후 3년 연속으로 소송에서의 패소율이 30%를 넘어서고 있었다. 2003년에는 패소율이 36.4%까지 높아졌고 국정감사에서는 '행정처분이 적정하지 못했다는 반증' 이라는 질타가 쏟아졌다. 법률전문가가 필요하고 소송수행 체계를 근본적으로 개편해야 할 필요성이 있었다. 이를 위해 우선 사법연수원 수료자 가운데에서 변호사 1명을 채용했다. 현재 이 변호사를 중심으로 법률자문단을 구성하도록 하여 행정쟁송업무에 적극 대응하도록 하고 있다.

관세행정 홍보를 위해 기자출신 홍보요원도 채용했다. 대개 공무원이 작성하는 보도자료는 공무원 특유의 언어선택으로 일반국민들이 대하기에는 낯 설은 면이 많다. 자료가 제대로 정리되지 않아 장황한 설명이 많고 불필요한 늘이기로 양은 많지만 정작 무엇을 홍보하고자 하는지 잡히지 않는 경우가 많았던 것이 사실이다. 이러한 문제점을 해결하기 위해 일간신문에서 기자로 활동했던 홍보요원을 채용하여 보도자료 작성은 물론 각종 관세행정 정책을 시의적절하게 국민에게 알릴 수 있도록 하고 있다.

외부전문가 채용을 확대하니 기존 공무원의 손이 미치지 못하던 분야에 대한 행정서비스가 한 차원 높아지고 업무효율도 상당수준까지 올라갔다. 일부 우려가 제기됐던 직원과의 융합에도 큰 문제는 없었다. 외부전문가들도 자기업무에 열심인 것을 볼 때 성공적인 시도였다고 본다.

인사는 공정하고 투명하게

참여인사 시스템

흔히들 '인사(人事)는 만사(萬事)'라고 한다. 있어야할 자리에 적절하게 사람을 배치하고, 각자 노력해 올린 성과만큼 보상한다는 이 원칙은 어느 시대, 어느 사회나 공통적으로 적용되는 인사원칙이다.

관세청의 인사 시스템은 다른 부처에 비해 앞선 시스템을 갖추고 있었다. 직원들의 개인적인 인사고충은 청장과 직원과의 1:1대화창구인 내부 전산망의 '청장 핫라인(Hot-line)'을 통해 전달할 수 있었다. 여기에 자신이 희망하는 근무지나 보직을 표시하면 인사권자가 언제든지 열람할 수 있도록 '전보 희망지 신청' 시스템도 갖추어 놓고 있었다. 개인별 경력과 상벌이나 전문성 평가 등에 관한 자료도 포함하고 있어 인사효율 측면에서도 우수한 편이었다. 일선세관의 과장급인 사무관인사를 하면 전보일 3~4일 전부터 미리 공표도 하고 있었다.

이러한 관세청 인사 시스템에 보다 공정하고 투명한 새로운제도를 추가하여 발전시키기로 했다. '인사추천제', '직위공모제', '인사상담예약제'와 '다면평가제'가 바로 그것이다. 인사 대상자들이 인사 프로세스에 직접 참여할 수 있도록 한 참여인사 시스템이다

우선 상급자가 자신과 함께 일하고 싶어 하는 부하직원을 추천하는 인사추천제를 도입했다. 상급자가 다년간의 경험에 비추어 능력과 경험을 두루 갖춘 직원을 추천해 그 자리에 적합한 직원이 배치될 수 있도록 한 것이다. 반대로 업무수행에 특히 전문적인 지식과 경험이 필요한 중요 직위나 보직에 대해서는 직위공모제를 시행했다. 인사추천제가 잘못 운영될 경우 자칫 정실인사로 흐를 가능성이 있기 때문에 중요 보직에 대해서는 공모를 통해 이를 보완할 필요가 있기 때문이다. 직위공모제는 본인이 능력을 가장 잘 발휘할 수 있는 직위를 스스로 지원하고 공정한 경쟁과정을 거치게 하므로 특정 직위에 적합한 인물을 선발할 수 있다는 데 보다 큰 의미가 있다.

새로운 인사 시스템이 적용되면서 본청의 일부 선호하는 직위의 인선을 둘러싼 잡음이 점차 사라지게 됐다. 세관단위의 주요과장도 이 시스템에 따라 보직이 주어졌다.

이와 함께 직원들이 인사에 신경 쓰지 않고 업무에 전념하는 직장 분위기를 만들기 위한 인사상담예약제도 시행했다. 이를 통해 직원

들은 인사담당과장이나 인사담당자에게 개인의 애로와 고충을 언제든지 허심탄회하게 의논할 수 있도록 했다.

참여인사 시스템이 도입되면서 2002년부터 시행된 청장 핫라인의 이용실적이 줄어드는 현상이 나타나게 됐다. 2003년의 291건이 2004년에는 43건으로 격감하였던 것이다. 간부들이 솔선하여 직원들의 애로사항을 먼저 해결해 주는 효과도 있었을 것으로 판단된다. 아울러 참여인사 시스템이 도입되면서 직접 기관장에게 호소하는 방식을 이용할 필요성이 줄었든 것도 한 요인으로 분석되고 있다.

우려속의 다면평가, 공정성을 높여라

현재 대부분의 정부부처에서는 공직사회의 연공서열과 정실에 의한 인사문화를 개선하고 능력과 실적위주의 인사운영을 하기 위해 다면평가제를 운영하고 있다.

관세청도 2003년부터 다면평가제를 도입했다. 도입 당시의 반응은 기대반 우려반이었다. 관세청이 다면평가제를 도입하면서 특히 신경을 쓴 부분은 공정성과 신뢰성을 확보하는 일이었다. 잘못 시행하면 능력은 없어도 인정이 많은 직원을 선호하는 소위 인기투표로 변질될 공산이 있었기 때문이다.

나는 이러한 폐단을 막기 위해 다면평가 시스템의 운영을 외부 다면평가 전문기관에 위탁시켰다. 평가 시스템 구축에서부터 모든 절차를 외부기관에 맡겨 관세청 내부의 직원들이 개입할 여지를 원천적으로 배제시킨 것이다.

아울러 중앙부처 중 처음으로 6급에 대한 다면평가도 실시했다. 왜냐하면 일선세관에서 6급 직원은 초급 간부로서 중요한 의사결정자 역할을 수행하는 경우도 있기 때문이다.

다면평가에는 공직자로서 반드시 갖춰야할 리더십, 직무수행능력, 공직관 등을 필수평가항목으로 반영했다. 그리고 평가결과는 승진과 전보, 능력개발, 교육과 포상 등 인사행정의 제반과정에 활용하도록 했다. 또한 본인에게 통보하여 자기계발의 전기로 삼도록 하였음은 물론이다.

인사혁신의 알파와 오메가

인사혁신의 성공은 청탁의 배격에 달려있다고 해도 과언이 아니다. 인사철마다 들어오는 외부청탁을 하나라도 들어주게 되면 인사의 원칙은 무너지고 직원들의 불신과 보직에 대한 불만이 싹트게 된다. 다면평가제 등 참여인사 시스템도 결국은 투명한 인사 시스템을 구축함으로써 외부로부터의 인사청탁을 방지하기 위한 것이었다.

기관장에게 인사만큼 어려운 것도 없다. 특히 연과 줄이 중요하게 인식되는 우리나라의 사회정서나 문화에 비추어 그것을 극복하기는 여간 어려운 일이 아니다. 따라서 인사혁신의 시작과 끝은 바로 청탁의 배격이 아닌가 한다.

　외부의 입김을 이용하여 인사청탁을 하는 사례를 막기 위해 나는 기회가 있을 때마다 '인사청탁을 하는 사람은 반드시 그에 상응한 불이익을 주겠다'는 점을 분명히 했다. '인사청탁신고제'를 도입하기도 했다. 그럼에도 불구하고 아직도 가끔씩 인사청탁을 해오는 경우가 있다.

　인사철이 되면 외부전화도 가려서 받고 있다. 그러나 외부전문컨설팅회사를 통한 다면평가제를 도입한 이후에는 간혹 외부에서 누구를 잘 봐달라는 청탁이 들어올 때마다 다면평가제를 요긴하게 활용하고 있다. 우선 관세청의 인사 시스템을 소개해 주고 청탁과 관련된 직원의 다면평가결과가 나쁠 때는 이를 이유로 정중하게 난색을 표명한다. 이렇게 하면 대부분 납득하고 물러서게 된다. 외부인사를 통해 청탁을 한 직원들의 다면평가결과를 보면 대부분 좋지 않다. 대체로 묵묵히 자기 일을 열심히 하는 직원들의 다면평가결과가 오히려 좋았던 것이다.

하향전보의 악순환을 끊어라

　어느 조직에나 민원인과의 마찰로 인해 물의를 빚거나 크고 작은 부조리에 휩쓸리는 직원이 있게 마련이다. 관세청도 예외가 아니어서 특히 휴대품통관을 둘러싸고 마찰을 빚거나 비리에 연루되는 직원이 종종 발생하곤 했다. 불친절한 태도도 문제지만 휴대품통관 자체가 직접 민원인을 상대로 하는 환경적 요인도 크게 작용하고 있었다.

그동안 관세청에서는 민원인과 심각한 마찰을 일으키거나 부조리에 연루된 직원은 기피부서로 하향 전보하는 것을 원칙으로 해오고 있었다. 일종의 현대판 유배였던 셈이다. 이런 곳에 보내진 직원은 다시 민원인들과 마찰을 빚거나 부조리에 휩쓸리게 된다. 따라서 민원이 많은 곳은 기피부서가 되고 기피부서에는 문제가 있는 직원들이 주로 배치됨으로써 민원이나 부조리가 악순환되는 주요인이 되고 있었다.

이러한 문제를 해결하기 위해 문제 직원을 하향전보할 경우에는 민원부서나 부조리의 개연성이 높은 부서에는 배치하지 않도록 했다. 대신 민원과 부조리가 많은 부서에는 오히려 우수한 직원을 배치하도록 했다. 특히 중국을 오가는 소위 보따리상이 드나드는 인천, 평택, 군산, 속초세관의 휴대품 통관부서에는 업무성적이 뛰어나고 청렴성이 높은 직원을 주로 배치하도록 했다.

대신 남들이 싫어하고 기피하는 부서에서 근무하는 만큼 일정한 기간을 근무하면 반드시 다른 부서로 전출할 수 있도록 보장하고 있다. 6급 승진이나 사무관 승진 임용시 반드시 이러한 세관에서 성실하게 근무한 경험이 있는지 고려토록 제도화하여 인센티브를 제공하고 있다.

본청의 군살빼기

조직관리 역시 매우 어려운 분야이다. 관세청 고질적인 문제점의 하나가 바로 정원을 초과한 본청 인력운영의 문제였다. 자율과 분권의 신장 또는 행정권한의 하부위임이 현대행정의 흐름이다보니 본청의 인원을 필요한 만큼 확보할 수 없어 일선세관의 정원을 끌어다 쓰는 게 일상화되어 있었다. 살펴보니 정원에 비해 현원을 적게는 30여 명부터 많게는 60여명까지 초과하여 운영하여 왔다. 일선세관은 일선세관 대로 본청에 직원을 뺏기고 있다는 불만이 제기 되고 있었다. 이 문제를 해결하기 위해서는 본청 초과인원을 제자리로 돌려보내야 한다. 그러나 본청의 초과인원을 해결하는 데에는 적지 않은 어려움이 있었다.

2003년 6월 정원초과 문제를 근본적으로 개선해야겠다는 의지로 인사부서에 특단의 대책을 마련하도록 했다. 정원대비 현원초과인원의 감축대책을 마련하여 2003년 7월 1차로 초과 현원 8명을 축소했다. 이어서 단계적으로 인원을 줄여 2003년 12월까지 초과현원 56명을 모두 일선세관에 재배치했다.

이 과정에서 늘어나는 본청의 업무부담은 부서별 자체 정원 범위 내에서 사무분장 재조정을 통해 소화시켰다. 고질적인 정원초과의 원인이 되는 T/F팀 등도 단기간 내에 운영하고 성과물을 제출하면 즉시 해산하도록 하여 상설조직화 하는 것을 막았다. 물론 업무슬림화를 통해 불필요한 일도 과감히 줄여나갔다.

세관으로 내려간 인원은 대부분 민원분야에 배치되어 세관의 민원업무 수행부담을 완화시켜 주었다. 본청에서는 초과정원 운영에 따른 예산의 전용사례나 규모가 축소되고 초과근무수당이나 여비, 활동비의 지급이 현실화되는 부수적인 효과도 거둘 수 있었다.

이 일을 추진하는 과정에서 몇 년 동안 본청에 와서 고생만하고 불가피하게 승진의 문턱에서 일선으로 되돌아가야 했던 직원들도 있었다. 한없이 미안하고 안타깝지만 조직 전체를 위해서 어쩔 수 없는 조치였다는 점을 십분 이해해 주었으면 한다.

부패, 단호하게

오늘날 국제적으로 세관의 부패는 국가간 원활한 무역활동을 저해하는 주요 요인으로 인식되고 있다. 단순한 금품수수만이 아니라 불합리한 규제나 불공정한 업무처리도 부패라고 인식될 정도로 고도의 청렴성을 요구하고 있다.

부패척결을 위한 관세청의 노력은 지속적으로 강화되어 왔다. 통관전산화를 통한 민원인과의 대면기회의 축소는 가장 커다란 성과이다. 매년 두 차례에 걸쳐 세관별로, 업무분야별로 청렴지수를 측정하여 부진한 세관이나 분야에 대한 개선대책을 마련하기도 한다. 교육원 교육과정에 반부패 교과목을 개설해 체계적인 반부패교육도 실시하고 있다. 세관 자체의 부패문제를 넘어 관세사나 운송주선업자 등 주변 종사자들의 세관을 빙자한 부패행위에도 관심을 기울여왔다.

그럼에도 불구하고 간혹 세관직원의 부조리나 부패가 불거져 나오기도 했다. 이럴 때는 가혹하리만큼 단호하게 대처했다. 일부 직원에 대한 온정에 밀려 조직 전체의 명예와 청렴분위기를 훼손할 수 있기 때문이다.

2003년 7월의 일이었다. 중국을 오가는 보따리상이 드나드는 어느 세관에서 이 지역 출신 상인들을 우대해서 타지역출신 상인들보다 먼저 배에서 내려주고 이들에게는 면세범위를 초과하여 농산물을 통관시키고 있다는 민원이 제기됐다. 엄중하게 조사한 결과 민원의 내용이 대부분 사실로 드러났다. 일벌백계 차원에서 휴대품검사를 소홀히 한 직원 3명은 징계하고 과장 등 관리자를 포함한 검사관련 직원 11명 전원을 타 세관으로 전보시켰다.

이러한 인사 조치에 대해 일부에서는 금품이 오가지도 않은 단순한 업무태만에 대해 너무 가혹한 조치가 아니냐는 의견도 있었다. 그러나 다소 가혹하더라도 더 이상 곪기 전에 수술의 칼을 대는 것이 바람직하다. 사고는 예방이 최선이고 예방은 또한 우리 전체 세관직원들을 보호하는 일이기도 했기 때문이다.

관세청은 그간 부패방지위원회로부터 여러 차례 부패방지 최우수 기관으로 선정되기도 했다. 이는 한 치의 부패나 부조리도 용납하지 않겠다는 기관장들의 지속적인 의지와 부패예방을 위한 실질적인 노력들에 후한 점수를 주었기 때문으로 생각된다.

:
:

스스로 변하게 만들어라

공정한 룰(Rule), 선의의 경쟁 – 기관평가제도

관세청은 1997년부터 소속기관에 대한 '기관평가제'를 도입해 운영하고 있다. 소속기관의 업무실적을 종합적이고 객관적으로 평가하고 이를 토대로 각종 인센티브를 제공해 경쟁을 유도하는 것이 이 제도 도입의 목적이다. 이 제도는 당시 IMF 외환위기를 겪으면서 기업들 사이에 일고 있는 구조조정이 공직사회에도 예외일수 없다는 위기감에서 비롯됐다. 국무조정실의 정부업무평가를 벤치마킹한 것으로 다른 부처에 비하면 매우 빨리 시작된 것이다.

그러나 기관평가가 하루가 다르게 변화하는 여건이나 업무상황을 반영하지 못하다보니 개선이 필요한 점이 곳곳에서 보였다. 기관평가는 정확성과 신뢰성 확보가 성공의 관건이다. 기관평가 결과를 직원들이 납득하지 못한다면 오히려 역효과를 불러 올 수도 있기 때문이다. 객관성을 높이기 위해 평가자의 주관이 개입될 소지가 있는 '전화응대 친절도' 등의 평가항목은 민간 전문조사기관에 용역을 주어 평가하도록 하고 있었다.

전국 30개 세관은 위치한 지역에 따라 업무여건이 다르다. 본부세관은 특히 기업 세무조사나 밀수조사업무분야에서 일선세관과 커다란 차이가 있다. 공·항만에 위치해 있느냐 아니면 내륙지에 위치해 있느냐에 따라서도 각 세관별 중점업무가 달라지기도 한다. 그러나 기관평가에 이러한 차이점들을 적절히 반영하지 않은 채 30개 세관을 1위부터 30위까지 순위를 매겨 획일적으로 평가하고 있었다. 또 평가항목도 약 100개로 세분화하다 보니 기관평가의 정확성을 떨어뜨리고 있었고, 일부 세관에서는 기관평가 점수따기식으로 세관행정을 운영하기도 했다.

2003년도부터 기관평가를 현실에 맞게 다시 개편하는 작업에 들어갔다. 먼저 세관별 특성을 적절히 반영하기 위해 본부세관, 공항·만 세관, 내륙지세관의 3개 범주로 분류하고 동일한 범주 내에서 우수, 보통, 미흡 3개 등급으로 평가하도록 단순화시켰다.

업무슬림화와 전문요원관리 등 3S 운동 추진실적을 평가항목으로 추가함으로써 기관장의 역점 관심사항도 적절히 반영시켰다.

평가결과 우수기관에는 다양한 인센티브를 제공하고 있다. '열심히 일하면, 일한만큼 평가받고 보상받는다'는 인식이 확산되도록 했다. 1위세관의 세관장과 5급 이상 관리자는 희망부서로 전보해 주었다. 반면 2회 이상 연속 최하위권으로 평가된 세관의 관리자는 비선호부서로 전보하는 등 인사에 반영했다. 또 우수기관은 본청의 정기감사를 면제해주고 하위 3개 기관에는 개선대책을 수립해 전국세관장회의시 세관장이 직접 보고한 후 시행하게 했다. 아울러 기관표창을 수여하고, 포상금과 예산을 차등하여 배정했다.

이 같은 노력으로 기관평가 결과에 대해서 직원들의 수용성이 많이 제고됐다.

어떻게 성과를 평가할 것인가 – 성과평가와 승진

나는 종종 40대 노인과 70대 청년의 이야기를 꺼내곤 한다. 비록 나이를 먹어도 끊임없이 자기개발을 하고 노력을 하는 '젊은' 사람이 있는가 하면, 나이 40에 이미 더 이상의 발전을 포기하고 현실에 안주하는 '늙은' 사람도 있다. 무한경쟁의 시대에 누가 성공하고 누가 낙오할 것인가는 자명하다.

조직은 조직 나름대로 생존력을 갖고 있으므로 구성원 중 과연 누가 70대 청년의 부류에 속하고 누가 40대 노인의 부류에 속하는지를 평가하여야 한다. 그러한 선별 시스템이 없다면 영속성을 보장받을 수 없기 때문이다. 일종의 '성과관리 시스템'이라 할 수 있다.

관세청은 2004년 하반기부터 성과관리제도의 본격적인 도입을 준

비해 왔다. 우선적으로 2004년 11월 사무관 승진인사에 성과심사제도를 도입했다. 관세행정 전문가와 헤드헌터 등 민간평가위원이 24명의 승진자를 가리도록 했다. 승진심사의 공정성을 위해 후보자 스스로 작성한 업무실적서를 제출받아 민간위원의 평가를 거쳐 이를 기초로 승진자를 결정했다. 업무실적서는 미리 감사관실에서 사실확인을 거치도록 했다.

일반승진 외에 특별승진대상자는 민간평가위원의 면접을 추가로 거치도록 했다. 면접에서는 신입사원 면접 못지않은 날카로운 질문과 답변과정을 통해 관리자로서의 역량, 담당업무에 대한 이해도, 추진력 등이 검증됐다.

6급 승진에 있어서도 후보자가 제출한 업무추진 실적을 바탕으로 본청과 세관 평가위원회의 실적평가와 다면평가 등을 종합평가해 승진심사위원회에서 승진자를 결정했다.

이러한 성과관리제도와 별도로 나는 인사분야 혁신을 위해 2005년 1월 관세청 인사의 장기적인 목표와 비전을 제시할 인사혁신추진기획단을 구성했다. 기획단은 '통합인적자원관리' 3개년계획에 따라 성과중심의 공정하고 투명한 인사 시스템과 인력관리 시스템을 구축해 관세행정 정책목표를 달성하게 된다.

로드맵에 따라 직위공모제를 주요 세관장까지 확대해 개혁적 사고와 전문성을 갖춘 직원을 공모하게 된다. 인사추천제도 인재풀(Pool) 구성을 목표로 본청 전입대상과 본부세관 핵심주무까지 확대해 시행하고 인사참여의 기회 확대를 위해 인사토론방을 개설하고 인사참관제를 실시할 계획이다. 5급과 6급을 대상으로 4단계 보직경로를 밟는 보직경로제를 마련해 체계적인 인재육성에도 나설 예정이다. 이밖에 정기인사의 예측성과 투명성을 높이기 위한 인사사전 예고제도 도입된다. 아울러 아름다운 퇴직문화 조성을 위해 퇴직 후 건강하고 보람된 삶을 지원할 상담센터 등도 운영해 나갈 계획이다.

70대 청년에겐 더욱 용기를 북돋아주고 40대 노인에겐 새로운 동기를 심어주고자 하는 것이 관세청의 성과관리제도이다. 성과관리제가 정착되면 관세청은 40대의 청년과 70대의 청년이 조화롭게 어울리는 더욱 활기찬 조직이 될 것이다.

사기가 서비스의 질을 좌우한다

후생복지 향상

요즘 공무원의 처우가 많이 좋아졌다고 한다. 아직 공무원의 보수 수준이 대기업에는 미치지 못하지만 중견기업 수준까지 올라와 있다고 하니 20~30년 전과 비교하면 말 그대로 격세지감을 느끼게 한다.

보수가 현실화되면서 예전처럼 박봉 때문에 부패와 연루되는 공무원은 많이 줄어들었다. 더 많은 보수를 따라 사기업으로 이동하는 공무원도 많이 줄어들었다.

그러나 공무원 보수현실화와 별도로 사기업에 비해 아직 부족한 게 공무원에 대한 후생복지이다.

부임이후 나는 이 부분에 각별한 신경을 써왔다. 사기를 진작시키는 방법은 여러 가지가 있다. 요즘 흔히 감성경영이라 하여 소속 직원들의 애환에 깊은 관심을 갖는 것도 그 중 하나이다. 2004년 들어 우수직원에 대한 해외연수를 적극 추진한 것이나 비연고 근무직원에 대한 숙소마련 등도 이런 사기진작책의 일환이었다.

해외여행으로 氣 살리기

국내에서 외국인을 가장 많이 접하는 공무원은 누구일까? 바로 세관공무원들이 그 중 하나일 것이다. 이들은 공항이나 항만에서 일반 여행자로부터 기업인, 선원, 항공기 승무원 등 다양한 외국인을 하루 24시간 접하고 있다.

그러나 알고보니 세관직원 중 막상 자기자신이 해외여행 경험이 있는 직원은 그리 많지 않았다. 외국의 선진공항과 항만에서는 어떻게 여행자 검사를 하고 있는지, 공항 입국장에서 같이 근무하고 있는 다른 기관과는 어떻게 협조를 하고 있는지, 직·간접적으로 경험해 볼 기회조차 가진적이 없었던 것이다.

사정이 이렇다보니 세관직원들은 우물 안 개구리식으로 선진공항의 흐름은 모른 채 선배들이 해오던 대로 구시대적인 휴대품검사를 해오고 있었다. 물론 범법가능성이 높은 여행자만 선별하는 시스템이 있기는 하지만 기본적으로 모든 여행자들이 밀수꾼들은 아닌가 하는 의심의 눈초리를 갖고 있었던 것이다.

직원들이 보다 많이 외국 공항·만의 현실을 체험할 필요성이 있음을 절감하고 직원들의 능력향상과 후생복지 차원에서 이를 추진할 생각을 했다.

일반적으로 공무원의 해외여행에 대해서는 국민들의 부정적인 시각이 있는 것도 사실이다. 그러나 1년이면 연인원 2,200여만 명이 국경을 드나드는 현실에서 공무원이기 때문에 외국을 다녀오지 못하는 현실이나 인식은 이제 개선될 때가 되었다고 본다.

나는 관세청 간부들에게도 본인이 원하면 휴가기간을 이용하여 해외여행을 다녀오라고 한다.

그런데 막상 세관직원들에게 해외여행체험을 시키고자 하니 연간 1억 원에 불과한 직원복지 예산으로는 엄두도 못 내겠고 그나마 이미 사용용도가 정해져 있었다. 여유예산을 총동원했다. 여기에 기관 포상금으로 나온 예산 일부를 더하여 충분하지는 않지만 그럭저럭 여행단을 꾸릴만한 경비가 마련됐다.

이렇게 해서 2003년 11월 17일 1차 해외여행단 20명이 중국과 홍콩으로 출발했다. 여행단은 초일류 세관 추진팀과 일선세관에서 여행자들과 자주 얼굴을 마주치는 휴대품통관직원들 중에서 우선적으로 선발했다.

첫 여행을 다녀온 직원들의 반응은 한 마디로 '많은 것을 느끼고 체험하게 됐다'는 것이었다. 세계 일류공항으로 손꼽히는 홍콩의 첵랍콕 공항을 다녀온 직원들은 그동안 자신들이 얼마나 고압적으로 휴대품을 검사하고 여행객들에게 불친절하게 대했는지 되돌아보게 됐다고 실토했다.

이들의 경험은 또 초일류세관 추진전략의 밑거름이 되기도 했다. 세관검사의 정확성을 높이기 위한 다른 나라 세관의 움직임을 토대로 관세행정 선진화를 위한 다양한 의견을 제시했고 일선 현장에 반영이 되기도 한 것이다.

2004년부터는 기획예산처와 협의를 거쳐 정규예산을 편성함으로써 이러한 해외견학을 정례화시켰다. 2004년에는 모두 111명이 외국의 선진세관을 다녀왔고, 다녀온 많은 직원들이 견문을 넓힐 수 있는 기회가 주어진 데 대하여 감사의 이메일을 보내왔다.

손과 발이 편해야

세관은 관세청의 손과 발에 해당된다. 세관직원은 관세행정 전체로 보면 내부고객이기도 하다.

우리 내부고객인 직원들을 위해서는 무엇을 해야 할까? 그들의 만족도가 올라가야 외부고객인 국민에 대한 서비스의 질이 올라갈 것이다. 내부고객을 만족시키지 않고서는 고객만족도 없으니 결국 내부고객의 만족도가 서비스의 질을 결정한다고 해도 과언이 아니다.

먼저 청장의 세관순시 방식을 바꾸어 나갔다. 취임한 직후 일선세관 순시를 해보니 다소 형식화되어 있는 모습이었다. 대개는 세관장으로부터 업무보고를 받고 몇 가지 판에 박힌 지시를 하고 건물 앞에서 주요 간부들과 기념사진을 찍는다. 그 뒤에는 취약부서인 초소 등에 들러 격려금을 주고, 간부들과 식사하는 것으로 종료하는 것이었다.

물론 이런 형태의 세관순시도 필요할 때가 있을 것이다. 그러나 기왕이면 일선 직원들 특히 하위직 직원들과도 만나서 그들과 허심탄회하게 이야기를 나누고 싶다는 생각이 들었다. 따라서 취임 몇 개월 후부터는 세관 순시방식을 변경하도록 했다. 일선 하위직 공무원들과 대화를 나누는 자리를 마련하고 이들로부터 애로사항을 듣고 업무에 관한 건의사항도 들었다. 애로사항 중 현장에서 해결할 수 있는 것은 즉시 해결하도록 하고 건의사항 중 타당성을 검토한 후 시행할 수 있는 것은 시행방안을 마련하여 시행토록 조치했다. 이러한 일선 순시방식은 직원들에게 큰 반향을 불러일으켰다. 기관장이 현장의 생생한 목소리를 듣고 현장에서 바로 해답을 제시함으로써 내부고객에 대한 만족을 높여 나갔다.

이렇게 시작된 일선세관 순시방식은 이제 혁신토론회로 자리를 잡아가고 있다. 청장과 일선간부, 직원들 간에 격의 없는 토론이 이어지고 있다.

각 세관에 대한 감사방식도 변경했다. 종래 적발과 처벌위주 감사에서 이제는 잘못된 제도를 개선하여 똑같은 잘못이 발생하지 않도록 감사의 초점을 바꾸었다. 감사방식의 개선은 직원들이 소신껏 자기 맡은바 일을 수행할 수 있도록 하고, 일하는 과정에서 발견되는 제도적인 문제에 대해서는 관련제도나 절차를 개선해주는 방향으로 나아갔다. 직원들이 더 큰 소신을 갖고 일할 수 있는 여건을 만들어

주기 위함이었다.

감사통합 시스템도 구축했다. 해마다 정기감사를 비롯해 각종 업무점검이 중복적이고 다발적으로 이루어져 일선 세관에서는 이를 대비하느라 불평이 많았다. 이와 같은 부작용을 해소하기 위해 본청의 각 부서와 본부세관의 감사담당관실이 서로 사전에 시기를 조정하여 한번에 종합적으로 감사와 점검을 실시하도록 했다. 본청은 일선세관에 엄하기도 해야 하지만 자상하기도 해야 한다.

2003년과 2004년 2년 동안 관세청 전 직원은 초일류세관 과제의 추진과 업무혁신을 위해서 많은 고생을 했다. 각 분야에서 눈부신 실적을 올렸고 외부로부터 우수한 평가도 받았다. 유공직원에게는 훈·포장 수여, 우수·모범공무원 포상, 이달의 관세인 선정, 해외견학 등 다양한 보상이 주어졌다. 그러나 이렇게 선발된 직원들 외에도 일선현장의 오지에서 남이 알아주지 않아도 묵묵히 그리고 열심히 자기소임을 다해준 직원들이 대부분이다. 이들에 대한 감사와 격려의 뜻을 담아 연말을 기해 전 직원에게 자그마한 선물을 하기로 했다. 각 가정에 청장의 서한과 함께 멸치 한포씩을 전달했다. 초일류세관 추진을 위해 각자 맡은 분야에서 열과 정성을 다해 노력한 직원들에 대한 감사의 표시다.

제 4 장

You First

고객만족이 최우선 篇

불친절을 알면 친절이 보인다

불만은 예방이 최선이다

참여시켜라 그리고 경청하라

발상을 전환하면 국민이 편안하다

기업이 편해야

불친절을 알면 친절이 보인다

불만 많은 고객이 스승이다

2004년 2월 충청남도 천안의 상록리조트 컨벤션센터. 전국의 민원담당 직원들을 대상으로 한 새해 첫 번째 연찬회가 실시되고 있었다. 이날 강의는 '민원인이 바라는 세관상(像)'을 주제로 민원인과 접촉이 많은 6급 이하 세관공무원들을 대상으로 이루어졌다. 민원인들의 따끔한 지적을 통해 민원인에게 불편을 끼치지는 않았는지를 되돌아보고 민원인의 입장에서 일을 처리해 보자는 취지로 마련하였던 것이다. 외부고객을 강사로 초청하여 세관에 대해 느끼는 생생한 목소리를 듣도록 했다. 세관은 그 나라의 얼굴이다. 여행객이나 외국인이 그 나라를 방문할 때 처음 접하는 곳이 세관이기 때문이다. 이런 점 때문에 늘 직원들의 친절을 강조한다. 각 세관마다 강사를 초빙해 친절교육을 받게 하고, 특히 공항에 근무하는 직원들은 2003년부터 대한항공이나 아시아나항공의 친절도우미들을 초청해 체계적인 친절교육을 받게 했다.

그러나 이런 천편일률적인 친절교육보다는 세관을 이용하면서 불편을 겪고 불친절 사례를 맛본 민원인으로부터 직접 불만의 소리를 생생하게 들어볼 필요가 있었다. 구체적인 불만과 불친절을 알게 되면 어떻게 민원인을 만족시켜야 하고 무엇이 친절인지를 쉽게 알 수 있기 때문이었다.

연찬회 주관부서를 통해 불만을 제기했던 민원인과 접촉하여 강사로 나서줄 것을 부탁해 보도록 했다. 그러자 민원인들은 한사코 주저했다. 혹시 강사로 나섰다 후일 불이익이라도 당할까 하는 노파심 때문이었다.

다각도로 설득하여 민원인중 몇 분을 강사로 초빙할 수 있었다. 강의를 듣는 전국 일선세관 민원담당 직원 240명은 강사의 지적에 고개 들지 못했다. 강의가 시작될 때만해도 억울하다는 듯 얼굴을 붉히기도 하고 수첩에 메모도 했지만 시간이 지날수록 고개가 숙여졌다. 곳곳에서 한숨이 새어 나왔다.

이날 첫 번째 강사는 우리청의 홈페이지 '청장과의 대화방'에 세관공무원의 불친절을 개선해 줄 것을 요청한 여행사 대표 하모씨였다. 그는 우리 직원들에게 선진외국이나 개도국세관공무원의 친절하고 공정한 업무처리 과정을 설명하면서 자신이 우리나라 세관직원에게 겪은 고압적이고 불친절한 사례들을 낱낱이 지적했다. 카메라 등 고가장비를 갖고 외국으로 나갈 때 출국검사 담당자가 누구냐에 따라 반출증을 확인하기도 하고 그렇지 않기도 하는 이유를 따져 묻기도 했다.

하씨 외에도 기관장에게 불편을 호소했던 3명의 강사가 더 나와서 전시회에 전시할 물품이 늦게 통관되어 포기했던 경험과 똑같은 서류를 세관을 이용할 때마다 제출할 것을 요구하는 일부 세관의 비능률 행정을 따끔하게 지적했다.

캐나다의 사례를 들어 잘못된 화재경보로 아파트 주민들이 몇 시간씩 추위에 떨었으면서도 출동한 소방공무원에게 아낌없이 박수를 보내 주는 아름다운 모습을 상기시켜 주면서 우리나라 세관공무원들이 이런 박수를 받을 수 있도록 심기일전해 달라는 당부의 말도 잊지 않았다.

교육이 끝난 뒤 참가자들은 스스로 옛날에 비해 많이 달라졌다고 생각해왔던 자부심이 날로 높아지는 고객들의 요구수준에 미치지 못하고 있다는 사실을 깨닫게 됐다. 모두들 가슴 아프게 받아들이면서 새롭게 자신을 되돌아볼 계기가 됐다는 의견도 있었다. 무엇보다 강의를 해준 불친절지적 고객들에게 아낌없는 박수를 보내 주었다. 세관직원과 고객이 하나되는 화합의 장이었다.

아주~ 기분 좋은 날!

'칭찬은 고래도 춤추게 한다' 라는 책이 있다. 범고래가 쇼를 멋지게 해냈을 때 칭찬을 해주면 더욱 잘하게 된다는 조련사의 이야기를 듣고 생활에 응용해 사랑받는 가장이 되고 직장에서는 존경받는 상사가 됐다는 내용의 책이다. 나는 이 책을 읽고 간부들에게 한권씩 선물했다.

칭찬은 인간관계를 긍정적으로 바꿀 수 있고 서로에게 힘이 되어준다. 직장에서의 칭찬은 직원들의 사기진작으로도 이어진다. 이러한 점을 감안하여 민원인들로부터 우리 관세공무원들의 친절행위나 미담을 알려온 사례들을 묶어 친절사례집을 두 권 발행했다. 2003년도에는 '참 기분이 좋았습니다' 라는 제목으로, 2004년도에는 '아주 ~기분 좋은 날!' 이라는 제목으로 발간하여 전국세관직원들이 읽어보도록 했다. 이 책에는 세관 공무원들의 친절로 기분 좋은 경험을 했던 글이 각 150여 편씩 실려 있다.

이 책의 내용 중 언제 읽어도 가슴 뭉클한 사연이 있어 소개한다. 강원도 횡성군 우천면에 사는 이○철 씨가 주인공이다.

휠체어를 타고 생활하는 1급 장애인인 그는 평상시에는 혼자 여행할 엄두를 내지 못했는데 마침 일본 오사카에 사는 처제가 초청을 하여 부산항에서 배를 타고 4박 5일 머문뒤 귀국하기로 했다.

여행에 어느 정도의 어려움은 예상했지만 집을 나서면서부터 많은 불편을 겪은 끝에 부산세관에 도착했다. 그러나 세관직원들이 휠체어를 밀어주고 짐도 들어주면서 모든 절차를 도와줘 아무런 불편 없이 오사카로 출국할 수 있어서 부산까지의 여행 중 겪었던 불편한 기억이 눈 녹듯 사라졌다. 귀국하면서도 세관공무원의 도움으로 편리하게 통관절차를 마친 이씨는 평소 고압적이고 무섭기만 한 것으로 생각해온 세관의 이미지가 일순간에 바뀌었다는 글을 보내온 것이었다.

그는 이 편지에서 돌아오는 배에는 일본인들도 타고 있었는데 장애인에게 친절한 세관공무원들의 모습을 보고 우리나라에 대해 좋은 인상을 받았을 것이라며 조그마한 친절과 배려가 국가의 위상을 높이고 살기 좋은 나라를 만들어간다고 적었다.

일선현장에서 친절을 행하는 직원들에게는 나는 2003년부터 일일이 감사의 편지를 보내고 있으며 관세청 마크가 새겨진 시계로 감사의 표시를 하고 있다. 또한 2003년 5월부터는 '이달의 관세인'에 '친절분야'를 신설해 친절한 직원들을 특별히 격려해주고 있다.

친절! 친절! 하지만 달라진 게 없네요

그러나, 친절사례와 함께 불친절사례에 대한 고발도 많이 있었다. 연찬회에서 있었던 불친절에 대한 강의는 기대 이상의 효과가 있었다. 불친절에 관한 사례를 연찬회에 참가하지 못했던 직원들도 접하게 할 수는 없을까? 그동안 관세청에 접수된 민원인들의 불편사례를 모아 책으로 발간하기로 했다. 책자로 발간하면 모든 세관직원들이 읽고 반성할 수 있을 것이기 때문이었다.

처음 이 같은 계획이 알려지자 남 보기 부끄러운 일을 굳이 스스로 알릴 필요가 있느냐 하는 부정적 의견이 주류를 이루었다. 특히 친절사례집도 내지 않는 부처가 많은데 한술 더 떠서 불친절사례집까지 발간하려는 이유를 모르겠다는 것이었다. 불친절사례집을 발간하게 되면 세관공무원들은 모두 불친절하거나 비리와 연루된 부패집단으로 매도하지 않겠느냐며 불평하기도 했다.

사실 이 같은 의견에도 일리(一理)가 없는 것은 아니지만 단순한 친절교육과 친절사례집 발간을 통한 자극만으로는 부족했다. 비록 부끄러운 측면이 있더라도 우리 관세공무원이 자성하는 모습으로 민원인을 새롭게 대하는 계기가 될 수 있다면 불친절사례집을 발간하는 것이 바람직하다고 생각했다.

이렇게 해서 발간된 '친절, 친절 하지만 달라진 게 없네요'라는 관세청 불친절사례집은 정부기관 최초의 발간사례로 알고 있다. 이 사례집은 지난 3년간 인터넷 등 각종 수단을 통하여 관세청에 전달된 불친절사례와 함께 고객만족을 위한 표준행동절차도 함께 수록하여 전국세관에 배포했다. 민원인을 대할 때 다시 한번 자신의 마음가짐과 준수해야 할 행동준칙을 되돌아볼 수 있도록 한 것이다.

사례집에는 우리 관세공무원이 조금만 더 공손한 태도를 가졌더라면 아무런 문제가 발생하지 않았을 문제부터 비리와 관련된 내용까지 다양한 사례를 수록했다.

필리핀으로 신혼여행을 다녀온 부부는 코코넛주를 둘러싼 세관공무원의 불친절을 고발했다. 이들은 현지에서 코코넛주는 증류주에 포함되어 관세를 납부하지 않아도 된다는 말을 듣고 여섯 병을 사서 입국했다. 같은 팀으로 여행을 다녀온 대부분의 부부들은 아무런 세관절차를 거치지 않고 공항을 빠져나갔는데 자신들만 걸렸다고 세관직원에게 항의를 했다.

이들 부부의 항의를 받은 세관직원은 면세범위와 검사하게 된 배경을 차근차근 설명하기보다 고압적인 자세로 이들 부부의 속옷까지 들쳐 보이며 짐 검사를 강행했다. 이들 부부가 홈페이지 '청장과의 대화방'에 불쾌했던 기억을 적어 보낸 것이었다.

이들 부부가 세관규정이나 업무처리 절차를 잘 몰랐기 때문에 발생한 것이기는 했으나, 평생의 불쾌한 기억으로 남을 이 부부의 불만이 책자화됨에 따라 담당직원은 물론 관세청 공무원이면 누구나 미안한 감정을 느꼈을 것으로 생각된다.

혁신이란 아무것도 없던 무에서 갑자기 유를 창조해내는 거창한 것은 아니다. 불친절사례집처럼 자기의 잘못된 부분을 여과 없이 되돌아보고 다음부터 그러한 시행착오를 거치지 않도록 하는 것도 일종의 혁신이다.

불친절사례집은 2004년 10월말 대통령과 장·차관이 참석한 가운데 열린 혁신점검회의에서 회람됐다. 이 책을 접한 참석자들은 친절사례집을 발간하는 것은 누구나 쉽게 생각할 수 있지만 불친절사례집을 냈다는 것은 일종의 '발상의 전환'이라며 높이 평가해주었다. 또한 몇몇 중앙부처와 지방행정기관 등에서도 이를 벤치마킹 하겠다며 책을 요청한 경우가 적지 않아 추가 인쇄를 하여 보내주었다.

최근 관세청(청장 김용덕)이 펴낸 불친절 고백 책자 '친절! 친절! 하지만 달라진 게 없네요'가 공직사회에 파장을 일으키고 있다. 관세청은 관세 민원인들이 2001년 1월부터 2003년 12월까지 홈페이지 '청장과의 대화', '세관신문고', 편지 및 전화 등을 통해 보내온 민원 현장의 쓴소리를 모아 가감 없이 이 책에 담았다. '없다고 그래!', '세관 공무원이 이래도 됩니까' 등 이 책에 실린 86편의 불친절 사례에는 적나라한 대목이 많다. 관세청은 소속 직원들에게 이 책자를 나눠줬으며 입소문이 나면서 타 부처에서 책 주문이 잇따라 재판 인쇄를 준비하고 있다.

2004년 10월 10일자 국민일보

The government for the Best

02

:
:

불만은 예방이 최선이다

고객이 만족할 때까지

세관공무원들이 민원인을 대하는 자세는 지속적으로 개선 되어왔지만 국무조정실의 민원서비스 만족도 조사결과는 만족스럽지 못했다. 2002년에는 21개 기관 중 8위를 차지한 정도였다.

이제는 단순한 친절보다 까다로워진 고객들의 요구수준에 맞게 서비스를 하는, 고객감동 지향의 서비스가 필요하다. 판에 박은 듯한 표준화된 친절로는 한계가 있었기 때문이다.

초일류세관 추진이 본격화 되면서 이 분야에서도 직원들의 변화가 눈에 띄게 나타나기 시작했다. 친절의식이 몸에 벤 직원들이 스스로 고객들을 위한 다양한 서비스를 제공하는 사례가 늘어난 것이다. 모범적 세관공무원을 표창하는 '이달의 관세인'에 친절분야 수상자가 속속 나오자 일선공무원들끼지 '친절경쟁' 을 펼치는 모습까지 나타났다.

친절은 세관행정의 모든 분야에서 다 필요한 것이지만 특히 일반국민과 직접 접촉하는 곳에서 더욱 필요하고 중요하다. 세관행정 가운데 일반국민과 직접 접촉하는 대표적인 곳이 여행자들의 짐을 검사하는 공항과 해외에서 거주하다 귀국하는 사람들의 이삿짐을 검사하는 세관창구이다. 따라서 특히 여기에 근무하는 직원들을 대상으로 검사업무는 철저히 하되 최대한 친절하도록 반복적인 교육을 실시했다.

이러한 노력에 힘입어 국제항공운송협회(IATA)와 국제공항협회(ACI)가 공동으로 실시한 세계 30개 공항의 만족도 조사에서 인천공항세관의 세관검사 분야가 2003년에는 17위였으나 2004년에는 3/4분기에는 3위로 크게 향상됐다.

세관공무원들의 친절에 대한 민원인의 감사편지 가운데 두 개만 소개하고자 한다.

> 저는 회사원으로 해외주재(원) 근무를 마치고 귀임을 했으며 이삿짐은 인천에 도착해 있었습니다. 이의 통관과 이동을 위해 7월 18일 ○○세관을 방문했었지요. 장마철이라 새벽부터 속상하게도 주룩주룩 비가 내렸습니다. ○○세관을 가는 동안 비바람에 신발 및 옷이 물에 빠진 생쥐처럼… 너무 속상했습니다. 그러나 잠시후 그 모든 갑갑함과 속상함이 눈 녹듯 녹아버렸습니다. 통관서류 접수, 물건 검수… 짐들이 비에 젖을까 무척 걱정, 고심했는데 전혀 그렇지 않게 ○○○과장님께서 서류접수부터 물건

검수, 출고되는 서류에 이르기까지 아주 세심하고 꼼꼼히 마치 친 삼촌처럼 챙겨 주셨습니다. 물론 실무를 담당하신 접수창구 여직원분, 통관서류 진행 창구 담당분, 창고에서 이삿짐을 하차시키고 검사해 주신 세관요원분들… 이러한 상황을 겪어보지 못하신 분들은 정말 이런 기분을 전혀 모르실겁니다. 얼마나 송구스럽고 미안하고(궂은 날씨에 통관을 하게 되어) 감사한지… 말로만 듣던 세관의 고자세, 불친절… 전혀! 찾아볼 수 없었습니다! 정말로 고맙고 감사한 순간이었습니다. "

2003년 8월 관세청 홈페이지 '칭찬합시다' 코너에 김○○씨가 올린 글 중에서

저는 7월 16일 ○○세관 백○○님의 일반적인 공무원상에 대한 인식을 180도로 바뀌게 만든 사건을 말씀드리고자 합니다. 일반적인 공무원상은 고압적, 불친절, 뒷거래 등을 상상했으나 그런 상상을 정말 부끄럽게 만든 사건이었습니다. 그날 저는 일본에서 유학할 때 제게 도움을 주고 장학금을 주셨던 73살 노인과 그 부인, 그리고 암에 걸린 아들의 입국길에 제가 일본에서 유학할 때 학비마련을 위해 팔았던 전축을 다시 내게 가지고 온것을 찾으러 갔었습니다. 그날 세관에 가기 전에 솔직히 저는 세관에서 뒷돈을 요구하지 않을까? 다만 얼마라도 수고비를 주어야 하지 않을까? 너무나 많은 걱정을 했었습니다. 그러나 진심으로 그분들은 저에게 친절하게 대했고 통관이 끝날 때까지 일본분들과 같이 정성과 웃음으로 대해주셨습니다. 확실하게 제 물품인지 아닌지를 꼼꼼하게 확인하셨지만 좋은 인상의 친절함이 겸비되어 있었습니다. 저는 이번일로 세관직원분들에 대한 인상이 바뀌었으며 세관 내부의 혁신행위에 대한 노력을 엿볼 수 있었습니다. "

2003년 10월 관세청 홈페이지 '칭찬합시다' 코너에 장○○씨가 올린 글 중에서

세금도 미리 알면 불만은 없다

2004년 8월부터 인천공항세관에서는 해외에서 여행 중에 구입한 물품에 대한 세금을 인터넷으로 쉽게 알아볼 수 있는 '휴대품 예상세액 조회서비스'를 제공하고 있다.

외국을 여행한 사람이면 누구나 자신이 구입한 물품이 세관을 통과할 수 있는지 여부와 통과할 수 있다면 과연 얼마의 세금을 내야 통관할 수 있느냐가 관심이다. 이런 궁금증 때문에 인천공항세관에는 휴대품에 대한 세액을 묻는 전화가 줄을 잇고 있다.

세관에 문의를 하여 미리 세금을 확인할 수 있으면 그래도 다행이다. 그러나 외국에서 문의를 한다면 국제전화요금도 만만치 않다. 세관에 전화를 거는 것 자체를 귀찮아하거나 꺼려하는 여행자들도 있다. 이런 여행자들은 통관과정에서 불만을 제기할 소지가 높다.

예상세액 조회서비스는 여행자들이 외국에서 비교적 많이 구입해 반입하는 양주 등 36개 품목에 대한 예상세금을 세관 홈페이지를 통하여 자동적으로 알아볼 수 있는 프로그램이다. 한번에 여러 가지 물품에 대한 전체 세액을 조회할 수도 있다. 이 서비스의 도입으로 외국에서 우리나라 세관에 전화를 걸어 세액을 알아보는 불편이 많이 해소됐다. 또 세관 통관과정에서 빚어졌던 민원인과 세관공무원과의 마찰도 크게 줄어들었다.

'휴대품 예상세액 조회서비스'는 어떻게 하면 고객의 불편을 해소할 수 있을까 하고 고민하던 인천공항세관의 한 7급 직원이 20여일

밤샘 끝에 개발한 것이다.

독학으로 컴퓨터를 공부하고 있는 이 직원은 구입가격에 간이세율[7]만 곱하면 되는 간단한 작업인 줄 알고 시작했다가 세액합계와 계산내역을 보여주는 화면구성을 만들기 위해 여러날 밤샘을 했지만 번번히 실패했다고 한다. 누가 시켜서 한일도 아니니 포기할 법도 했지만 이 직원은 한여름 무더위와 싸우며 마침내 서비스 프로그램을 완성한 것이다.

그는 2004년 '9월의 혁신관세인'으로 선정됐고, 그가 개발한 서비스는 청와대 업무혁신공유방의 모범사례로 등재되기도 했다.

권리 위에 잠자는 자를 깨워라

관세청 산하 각 세관에서는 2002년 11월부터 납세자들이 찾아가지 않고 국고에서 잠자는 각종 미지급 환급금을 찾아서 돌려주고 있다. 경우에 따라 사업자를 직접 찾아가 설명하고 돈을 되돌려 주기도 한다.

세관에서는 수출용 원자재를 수입하면서 납부한 관세를 수출할 때 되돌려주고 있지만 그 금액이 작거나 회사직원들의 실수로 찾아가

---

7) 외국에서 반입하는 물품은 물품마다 관세율이 다르고 부가세율, 교육세율, 지방세율 등도 적용된다. 휴대품으로 반입하는 물품에 대해서는 여행자들의 계산편의를 위해 다양한 세율을 종합하여 산정한 간이세율을 적용할 수 있다.

지 않는 경우가 있다. 또 여행자들에게서 압류한 물품을 공개 매각하고 남은 잔금이나 각종 담보금 등도 사전에 충분히 공지를 하고 있지만 찾아가지 않는 경우가 많다. 이들을 합쳐보면 세관마다 수억 원씩 된다.

금액이 많건 적건, 또는 직원들의 실수 때문이든 찾아갈 돈을 찾아가지 않는 소위 권리 위에 잠을 자는 사람이 많은 셈이다.

2004년부터 인터넷을 활용한 '정부 보관금 찾아주기 운동'을 펴고 있다. 홈페이지에 보관금의 종류와 물품의 반입일, 물건의 주인이름, 보관금액 등을 게시하고 찾아갈 수 있도록 하고 있다. 민원인의 편의를 더욱 제고하기 위해 인터넷 등을 통해 미리 안내를 해주기 시작한 것이다. 환급을 받을 업체에 대해서는 은행에 계좌를 개설해 세관에 통보하고 환급신청서를 전자문서로 작성해 보내면 신청당일 입금시켜 주고 있다.

보관금은 그 주인이 권리를 행사하지 않고 5년이 지나면 국고로 귀속되는 금액이다. '권리 위에 잠자는 자는 보호받지 못한다'는 법언(法言)도 있으나 세관은 권리 위에 잠자는 자도 깨워서 친절을 행하고 있는 것이다.

찾아가서 설명하라

관세청은 2004년 10월 평판 디스플레이 제조업체들을 대상으로 서울 한국과학기술회관 대강당에서 품목분류에 관한 업무 설명회를 개최했다.

품목분류는 전 세계에서 거래되는 모든 물품에 대해 세계관세기구(WCO)가 정한 국제통일상품분류체계(HS)에 따라 고유의 품목번호에 분류하는 것이다.

품목번호마다 적용되는 관세율이 다르다. 수출입 업체가 품목분류를 잘못 적용하여 수입신고를 하고 결과적으로 세금을 누락하면 누락된 세금에 20%의 가산세가 추가로 부과될 수 있다.

관세청은 그동안 기업의 '품목분류 사전회시제도'를 도입해 물품을 수출입하기 전에 품목분류에 의문이 있어 질의를 하면 회신해 주고 있으나 이러한 제도가 있다는 것도 모르는 업체도 많았다.

이에 따라 관세청 관세평가분류원은 아예 업체들을 찾아가 품목분류에 대한 설명회를 개최하기로 하고 반도체업체에 이어 평판 디스플레이 업체를 대상으로 열기로 한 것이다.

LCD(Liquid Crystal Display) 및 PDP(Plasma Display Panel) 등 TV, 모니터 등에 사용되는 평판디스플레이 산업은 우리나라가 세계 최대의 시장점유율을 갖고 있는 차세대 핵심 산업의 하나이다. 성장하는 산업이니만큼 끊임없이 기술진보가 이루어지고 신제품이 나오게 된다. 신제품이 나오면 반드시 품목분류의 문제가 제기된다.

이날 설명회에서는 디스플레이 제품의 기술발달에 따라 품목분류의 쟁점이 됐던 컴퓨터 모니터용과 TV용 모듈의 품목분류 기준에 대한 설명과 함께 PDP제품과 평판디스플레이 제조장비 등에 대한 세계관세기구 및 외국의 분류사례를 중심으로 설명이 이어졌다.

이와 같이 찾아가는 품목분류 설명회에 대하여 관련단체서는 크게 환영하고, 앞으로는 디스플레이 연구조합 내에 각 업체의 신상품정보를 취합하는 협의체를 구성하고 협의체에서 질의한 품목분류에 대해 관세평가분류원은 최우선으로 관련정보를 제공하기로 했다.

최근 품목분류에 관한 관세청과 업계 간의 이견으로 많게는 수천억 원대의 세금을 한꺼번에 추징당하는 사례들이 발생하곤 했다. 이 설명회에서는 품목분류에 관한 미래의 불만을 사전 차단하고 기업들의 애로사항과 건의사항도 수렴할 수 있었다. 일석이조의 성과라 아니할 수 없다.

The government for the Best

03

참여시켜라 그리고 경청하라

정책과정에 수요자를 참여시켜라

관세청은 다양한 경로로 의견을 수렴해 고객의 요구를 관세행정에
반영해 오고 있다. 그러나 정책을 입안한 뒤에 문제가 발생하여 고객
의 의견을 수렴하거나 이를 토대로 문제해결책을 찾으면 사후약방문
식의 개선책이 나오기 쉽다. 본질적인 해결책은 되지 못한다.

이런 문제를 해결하기 위해 수요자인 국민이 정책의 입안에서부터
평가까지 참여하는 '정책단계별 국민참여 시스템'을 구축해 시행하
기로 했다.

정책입안단계에서 홈페이지의 '주제별 토론방', '정책토론방',
'관세포럼' 등을 통해 국민의 참여를 유도하고 고객이 함께 참여하

207

는 연찬회와 설명회 등을 열어 의견을 수렴해 반영하고 있다.

이미 마련되어 있거나 시행하고 있는 정책에 대해서는 통관, 심사, 조사, 정보화 분야로 나눠 주요고객인 기업과 관세사 등으로부터 설문을 받아 정책에 반영하고 있다. 이렇게 추진되는 정책은 다면평가를 통해 문제점과 개선점을 충분히 검토해 다음 정책수립에 반영토록 하고 있다.

민·관이 함께 만든 전자상거래 규정

2005년 1월부터 관세청에서 시행한 '전자상거래 물품에 대한 특별통관절차'는 입안단계부터 고객이 참여한 대표적인 사례다.

전자상거래(B2C)가 활성화되면서 국내 전자상거래업체가 사실상 해외로부터 직접 수입하여 국내고객에게 판매하면서도 마치 고객으로부터 구매위탁을 받고 수입대행을 하는 형식을 취하여 세금을 포탈하는 사례가 나타나게 됐다. 이들은 서울세관 사이버밀수 단속센터에 의해 속속 적발되어 관세포탈죄로 처벌되기도 했다.

전자상거래에 있어 납세의무를 전자상거래 업체가 부담해야 하는지 아니면 주문한 개인이 부담해야 하는지에 대한 명확한 기준을 설정할 필요가 있었다. 업체에게 지나친 부담을 지우는 기준은 이제 막 활성화되고 있는 전자상거래시장에 찬물을 끼얹는 결과가 될 수도 있었다. 기준을 어떻게 설정하느냐에 따라 매출기준 선두업체까지도 영업에 막대한 지장을 초래할 수 있다.

전자상거래업계와 공동작업을 하기로 하고 민·관워킹그룹을 만들었다. 2004년 5월 제1차 회의에서는 업계가 가장 바람직한 안을 제시하면 관세청에서 법령의 틀 내에서 수용가능한지 여부를 검토하고 이를 다시 토론하는 방식으로 일을 진행시키기로 합의했다.

업계가 만든 초안을 갖고 토론한 6월의 제2차 회의에서는 서로의 입장 차이만을 확인했다. 세금으로 인해 업체의 생사가 걸린 문제이다 보니 기존의 입장에서 한발도 물러서지 않았다. 온라인(On-line) 형식이기는 하지만 전자상거래도 무역의 일종이므로 오프라인(Off-line)에서 이루어지는 일상적 무역형태와 비교해서 의견을 접근시켜 나가기로 했다.

몇 차례 회의를 거치면서 얼굴을 맞대고 서로의 의견을 듣다보니 타협점이 생기고 서로의 입장을 이해하는 분위기가 자연스럽게 만들어졌다. 관세청에서는 전자상거래 업계의 현실을 이해하고 업계는 관세청이 우려하고 있는 공평한 과세에 관한 입장을 이해하게 됐다. 서로 모범답안을 만들어보자는 식으로 의견이 모아졌다. 업계와 의견의 차이를 극복하고 전체적인 밑그림이 그려진 것은 8월에 열린 제4차 회의를 통해서였다.

전자상거래 물품에 대한 특별 통과절차안이 만들어지기까지는 약 7개월 이상이 소요됐다. 수입쇼핑몰형, 수입대행형, 개인직접구매형 등으로 전자상거래를 유형화하고, 그 거래유형에 따라 업체 또는 최종 소비자가 납세의무를 부담하는 형태로 정리됐다.

서로의 의견이 팽팽히 맞설 때는 우리가 업체의 사정까지 일일이 들어가며 과세방침을 정할 이유가 없으며 따라서 시간낭비일 뿐이라는 내부 의견도 적지 않았지만 결국 모두가 만족하는 정책을 만들어 내도록 한 것이다.

가장 큰 소득은 수차례의 회의를 통하여 서로의 입장을 이해하게 됐다는 것이다. 관세청에서는 전자상거래 업체의 실태를 정확히 파악하게 됐고 필요할 때마다 격의 없이 자문을 구할 수 있게 됐다. 아울러 민간업계의 의견을 충분히 반영하였으므로 반발할 이유도 없었다. 전자상거래의 사각지대로 지적됐던 음란물과 불법의약품 유통 등에 대해서는 업계가 자율적으로 감시하고 억제해 나가겠다는 자율 감시방안도 마련됐다.

결과적으로 세관은 공평과세의 목표를 이룰 수 있었고, 업계입장에서는 안정적 영업환경이 조성됐다. 뿐만 아니라 최종 소비자로서도 자기가 전자상거래업체를 통해 구매하고자 하는 물품에 관한 가격구성이나 원산지 등 상세정보를 얻을 수 있는 길이 열렸다. 이같이 민과 관이 정책입안부터 함께 하는 사례는 정책의 효율성은 높이면서 시행착오는 막아내는 대표적인 윈윈(Win-Win)전략이라 할만 하겠다.

잘못됐으면 시인하고 고쳐라

수입물품에 대해 관세와 부가가치세 등 세금을 징수하는 관세행정에서는 당연히 과세의 정당성 여부를 두고 납세자와 마찰이 적지 않게 발생한다. 세관의 세금 징수처분에 대해 납세자가 불만이 있을 때 활용되는 것이 '과세전 적부심사청구제도'와 '행정심판 청구제도'이다.

과세전 적부심사제도는 납세자가 납부한 세금액이 부족하다하여 세관이 이를 추가로 징수하고자 할 때 먼저 그러한 사실을 통보하면 징수의 적부(適否)에 대해 관세청장이나 본부세관장에게 재심사를 청구하는 것이다. 행정심판제도는 세관의 처분이 있고 난 다음에 그 처분이 위법하거나 부당하다 하여 이를 취소해 줄 것을 청구하는 것이다. 행정심판은 취소청구를 어디에 하느냐에 따라 세관장에게 한 것은 이의신청, 관세청장에게 한 것은 심사청구, 국세심판원장에게 한 것은 심판청구로 불려진다. 만일 행정심판에서 납세자의 주장이 받아들여지지 않았을 때 납세자는 법원에 행정소송을 제기할 수 있다.

과세전 적부심사제도나 행정심판제도는 납세자의 권리보호를 위해 매우 중요한 역할을 한다. 그런데 2003년 여름, 이들 제도의 운영 상황을 살펴보니 큰 문제가 하나 있었다. 2000년 이후 납세에 대한 세관의 심사가 강화되면서 부족세액에 대한 추징이 크게 늘어났고, 그에 따라 과세전 적부심사청구와 행정심판청구도 크게 늘어나고 있었다. 그런데 납세자가 과세전 적부심사나 심사청구를 하였을 때 그 처리가 매우 늦다는 게 문제였다. 법적 처리시한은 과세전 적부심사가 30일, 심사청구가 60일로 되어 있었으나 실제로는 두 경우 모두 평균 140여 일이 경과되어서야 겨우 처리되고 있었다. 납세자의 권리구제가 그만큼 늦게 이루어지고 있었던 것이다.

원인을 찾아보니 이러한 청구를 심사하는 과세전 적부심사위원회와 관세심사위원회가 동일한 위원들로 구성되어 한 달에 한 번 꼴로 동시에 개최되는 것이 문제였다. 위원회를 한번 개최하였을 때 심사할 수 있는 안건은 한정될 수밖에 없으므로 위원회에 안건을 상정하는 것 자체가 늦어지는 것이다.

또 다른 문제점으로는 행정심판 가운데 이의신청을 납세자들이 기피함에 따라 세관단위에서 처리될 수 있는 사안도 모두 관세청으로 집중되는 것이었다. 이의신청을 기피하는 것은 이러한 신청을 하더라도 당초 처분을 한 세관장이 다시 심사하여 결정하도록 되어 있음에 따라 납세자의 주장이 받아들여지는 경우가 드물다는 것이 원인이었다.

이러한 문제를 해결하기 위해 먼저 관련 규정을 개정하여 관세청에 설치되는 과세전 적부심사위원회와 관세심사위원회를 분리하여 별도의 위원으로서 구성하도록 했다. 별개의 위원회로 운영됨에 따라 매월 한 번씩 각각의 위원회를 개최하더라도 처리 속도가 2배가 빨라지는 효과를 가져오도록 한 것이다.

또한 세관에는 이의신청이 있을 경우 이를 심사할 이의신청심의위원회를 설치했다. 이를 위해서는 관세법을 개정해야 하는데, 재정경제부와 협의하여 2003년 말 관세법 개정에 반영이 됐다. 위원회는 세관장을 위원장으로 세관의 간부급 공무원 3명과 관세와 무역에 관한 학식과 경험이 풍부한 민간 전문위원 4명 등 총 8명으로 구성했다. 이의신청심의위원회는 전국 세관에 설치하도록 하였으므로 총 100여 명에 이르는 민간 전문가들이 세관행정에 직접 참여하게 된 것이다.

이의신청심의위원회를 구성하여 운영한 뒤 확인해 보니 이의신청에서 납세자의 주장이 받아들여진 소위 '인용' 결정비율이 크게 늘어나고 있음을 알 수 있었다. 이렇게 되자 관세청이나 국세심판원에 제기하던 심사청구나 심판청구 대신 이의신청이 크게 늘어났음은 물론이다. 당연히 심사청구에 대한 처리도 크게 빨라져 납세자의 권리구제가 신속하게 이루어지는 효과를 얻게 됐다. 다른 한편으로 세관에서의 과세처분도 더욱 신중해지는 자율적인 행정통제의 효과도 더불어 얻고 있음을 알 수 있었다.

늦었지만 알차게 자리 잡은 옴부즈만

스웨덴어로 '권한을 부여받은 대리인(Authorized Agent)'이라 불리는 옴부즈만은 시민의 권익을 보호하기 위한 제도로 이미 많은 나라에서 정착되어 있는 제도이다.

우리나라의 경우 1994년 국민고충처리위원회가 설립됐다. 오늘날 옴부즈만은 여러 정부조직 내에서 뿐만 아니라 사기업이나 시민단체에서도 운영되고 있다.

관세청에도 옴부즈만제도를 도입하기로 했다. 다른 부처나 민간기업에 비해 뒤늦긴 했지만 2004년에 출발했다. 관세청은 다른 부처의 성공과 실패경험을 바탕으로 옴부즈만제도의 실효성을 높이기 위한 다양한 절차를 만들어 놓았다.

관세행정 수요자가 옴부즈만에게 부당한 행정처분이나 불합리한 제도로 인한 고충을 신고하면 옴부즈만이 검토하여 관련부서에 직접 시정조치를 하거나 시정을 권고하는 의견을 낸다. 현재 본청과 산하 세관에 별도로 민원고충담당관 30명이 지정되어 관세청 옴부즈만의 활동을 보조하고 지원한다.

옴부즈만을 통한 민원해결 사례를 살펴보자.

수입 당시에 관세를 감면받은 방송기자재는 방송용으로 사용되고 있는지 여부에 대해 세관의 사후관리를 받는다. 감면용도에 적합하게 사용하고 있는지를 확인받아야 하는 것이다. 세관은 이를 위해 업체를 방문하거나 서류를 제출받는다. 세관의 방문이나 자료제출 요구가 너무 빈번하여 방송에 지장을 초래한다는 고충이 옴부즈만에게 접수됐다. 옴부즈만은 업체의 고충에 관한 사실을 확인하고 타당성이 있음을 들어 관련부서에 사후관리를 위한 확인횟수를 축소 조정할 것을 권고했다. 물론 옴부즈만의 시정권고는 관련부서에서 받아들여졌다.

관세사범으로 처벌된 사람이나 업체는 통상 일정기간 동안 자료로 관리된다. 처벌경력 때문에 수입신고를 하면서 세관으로부터 남들보다 검사받는 횟수가 많아진 업체가 옴부즈만에게 어려움을 호소했다. 처벌받은 이후 성실하게 수입신고를 하고 있으므로 수입검사를 완화시켜달라는 것이 요지였다. 옴부즈만에게 이와 같은 어려움을 호소하는 사례가 점점 많아지고 있다.

관세청 옴부즈만은 적극적이다. 특별소비세 인하조치에 따라 이미 납부한 특별소비세를 환급받을 수 있지만 처리절차를 모르는 고객을 대신해 환급을 처리해주기도 했다.

고객과 호흡하여 정책을 입안하고, 끊임없이 고객의 목소리를 귀 담아 들어 개선하며, 다시 제3자의 눈으로 문제점을 해결하는 관세청의 3박자 시스템은 고객 불만족 제로(zero)에 도전하는 본보기가 될 수 있을 것으로 믿는다.

발상을 전환하면 국민이 편안하다

골프외유, 편견을 버려라

스포츠종목 중 골프만큼 이중적 잣대가 적용되는 것도 없다. 우리나라 여성선수들이 LPGA대회에서 우승을 따내면서 골프에 대한 일반인들의 인식이 많이 바뀌었지만 아직은 소위 '가진 자들의 운동'으로 인식되고 있다. 특히 경제가 어려울 때마다 해외로 골프외유를 가는 사람들의 무분별을 탓하며 지탄을 하기도 한다.

골프채에는 세관의 애환이 서려 있다. 오래전부터 금괴나 녹용과 함께 골프채는 밀수 주종품목, 사회관심품목이라 하여 통관과정에서 세관직원들의 엄격한 검사가 따랐다. 1998년 7월 이전까지는 정상적으로 통관된 물품도 밀수품과 구분하기 위해 '세관통관필증'이라는 통관표지를 붙여야 했다. 골프채 밀수와 연루되어 징계를 받는 세관직원들도 있었다.

그만큼 골프채에 세관의 관심이 집중됐다. 골프채를 가지고 나갈 때마다 세관에 매번 신고를 해야 했고 들어올 땐 가지고 나간 물품과 동일한 것인지 여부를 확인받아야 했다. 신고하고 확인받기 위해 입출국장에서 길게 줄을 서야 했다. 중고품을 신품으로 바꿔치기하는 밀수를 예방하기 위해서였다.

한국관광공사에서 격년으로 실시하는 설문조사에서 2003년의 경우 출국자 중 해외에서 골프를 친 사람은 2~3% 수준으로 나타났다. 그런데 세관에 신고된 골프채 휴대반출자는 1~2%에 불과했다. 그 차이는 곧 해외에서 골프채를 렌트하여 골프를 즐기는 것을 의미했다.

휴대반출 신고절차를 대폭 간소화하기로 했다. 까다로운 세관신고 절차가 오히려 렌트 여행자를 양산하고, 해외여행객들의 세관과 정부에 대한 불만을 크게 일으키고 있다는 판단에서였다. 한 번만 세관에 반출신고를 하면 이후에는 평생 반출신고를 생략하도록 했다. 동일물품 여부는 골프채 고유의 제조번호나 세관에서 처음 부착해준 스티커로 입국시 간단히 확인하도록 했다. 세관절차를 위해 출국시 길게 줄을 서 기다려야 하는 여행자의 대기시간이 크게 줄어들었다.

해외 여행시 골프채 반출신고자가 연간 약 10만 명인데 어느 일간지에 의하면 골프채를 휴대반출하지 않고 현지에서 빌려서 골프를 치는 여행자가 그 2배내지 3배로 추정된다는 것이다. 해외에서 골프채를 렌트하는데 1인당 50~100달러가 소요된다고 보고, 절차간소화로 렌트여행자가 휴대반출 여행자로 전환했다고 가정하면 어림잡아 연간 약 1,000~2,000만 달러 정도의 외화를 절감하게 된 셈이다. 이 제도를 시행하자 언론에서도 용기있는 결단이라는 보도를 해주었고 주위의 많은 사람들로부터 칭찬을 들었다.

해외에서 온 선물, 받을 때 기분 좋게

해외에 있는 가족이나 친지들이 우편으로 보내주는 선물은 많은 국민들이 평생 한두 번쯤 받아볼 수 있는 물품이 아닐까 생각한다.

상속세와 같이 부모 등으로부터 물려받는 재산에도 세금이 부과되듯 관세법 역시 남에게서 공짜로 받는 선물일지라도 일정금액 이상의 공중에 대해서는 세금을 부과한다. 관세법 제94조에는 소액면세(少額免稅)에 관한 규정이 있다. 2004년 관세법이 개정되기 전까지 선물의 총 과세가격이 10만 원 이하인 경우에는 세금을 부과하지 않았다. 10만 원을 초과하면 총 과세가격에 세율을 곱한 금액을 세금으로 내야 했다.

2004년 4월 우리나라 모 백화점 설문조사에 의하면, 대부분의 소비자들이 부모를 위한 선물로 10만 원 안쪽을 생각하고 있는 것으로 나타났다. 경기가 호황이면 그보다 더 후할 수도 있겠지만 통상 그만한 금액이 되지 않을까 싶다.

그런데 해외로부터 보내오는 선물의 과세가격은 물품구입가격 외에도 물품이 우리나라에 도착하기까지 소요되는 일체의 비용을 포함하여 계산한다. 선박이나 항공기 운임이 포함되고 분실을 우려하여 보험이라도 들었다면 보험료까지 포함된다. 따라서 10만 원짜리 선물의 과세가격은 10만 원을 초과하게 되어 있다. 면세가 되는 줄 알고 보내지만 받아보는 부모님은 세금을 내야 하는 것이다. 여기에 우편물을 관리하는 우체국의 배달료까지 납부해야 한다. 그러다보니 10만 원짜리 선물에 대해서도 관세를 물어야하고 이를 위해 많은 행정력이 소요되고 있을뿐 아니라 적지않는 민원도 야기되고 있었다.

> 저는 52세의 가정주부로 시력이 갑자기 나빠져 병원 진찰을 받은 결과 미국산 안약을 처방 받았습니다. 국내에서 구할 수 없어 부득이 미국에 살고 있는 큰딸을 통해 문의하여 2002년 10월 31일 191달러짜리 안약을 보내오게 되었습니다. 이때 큰딸이 아빠의 생일이라고 팬티 2개(총액 20달러)를 안약과 같이 국제우편으로 보내왔습니다. ○○세관 ○○출장소에 갔더니 팬티 2개에도 운임 16,500원을 포함하여 팬티가격과 안약값을 포함 관세 51,260원을 부과하더군요. 관세행정은 딸이 아버지에게 생일선물로 팬티 2개를 보냈는데 그런 것도 예외없이 운반비까지 추정하여 관세를 징수하는지요? 이런 것을 국민정서상 납득하고 수용한다고 보는지요?
>
> 2002년 11월 관세청 신문고에 김○○씨가 올린 글

2004년 4월부터 소액면세 기준금액을 15만 원으로 상향조정하기로 했다. 1995년의 10만 원 기준에서 5만 원을 올린 것이다. 이를 통

해 국제우편물 통관창구에서 발생하는 민원인과의 빈번한 마찰을 크게 줄이고 아울러 행정력의 낭비도 대폭 줄일 수 있었다.

기왕이면 첨부서류도 받지 말자

첨부서류가 없을수록 정부에 민원을 제출하는 국민은 보다 편리해진다. 그러나 첨부서류가 꼭 필요한 경우가 있다. 첨부서류가 필요하다면 그것을 최소화해야 한다. 이미 우리 기관 내의 어디엔가 있는 서류라면 기관이 스스로 찾아서 확인하면 될 것이다. 다른 기관에 있는 정보라면 기관간 협조를 통해 그것을 활용하는 것이 바로 서비스 위주(Service - oriented) 행정이다

관세행정의 민원은 대부분 수출입신고나 환급신청과 같이 EDI 통관 시스템에 의해 전자문서로 처리되고 있다. 전체 민원의 대략 97%에 달하는 수치다. 2002년까지는 빈도가 낮은 일반민원은 여전히 종이서류로 처리하고 있었다. 2003년 1월 인터넷 전자민원 시스템이 개발되어 일반 소수 민원 약 30종에 대한 전산처리가 가능해졌다. 월 평균 5,000건이 전자민원으로 처리됐다. 그러나 전자민원 처리의 경우에도 별도로 첨부서류를 제출해야 했으므로 여전히 민원인의 불편은 가시지 않았다.

인터넷전자민원 시스템을 업그레이드하여 기능을 제고 하기로 했다. 우선 인터넷 전자민원 시스템과 관세청 내부의 다른 정보 시스템

을 연계시키자 30종류의 첨부서류를 제출할 필요가 없어졌다. 다른 정부기관에서 발급한 서류를 활용하기 위해 2004년 2월에는 관세청 전자민원 시스템을 행정자치부의 전자정부사이트(G4C)와 연계시켰다. 관세청이나 다른 기관으로부터 활용할 수 없는 나머지 첨부서류는 별도의 전자서식을 개발하여 민원인이 직접 입력하도록 했다.

새로운 인터넷 전자민원 시스템이 가동된 것은 2004년 7월부터이다. 제출할 필요가 없게 된 첨부서류는 113개가 됐다. 그런데 시스템을 개선하자 민원업무 자체가 늘어났다. 90여 종에 달하는 민원의 이용 빈도도 높아졌다. 수입세금계산서 발급신청, 승선신고 등 90종의 일반민원이 개선 전에는 월평균 5,000건이었으나 개선 이후로 3만여 건으로 증가한 것이다.

정부의 시스템을 이용하기가 불편하면 민원인은 아예 이용을 포기하는 것은 아닐까? 국민과 가까워지기 위해 정부가 무엇을 어떻게 해야 할 것인가는 자명해졌다.

기업이 편해야

기업은 국민의 삶의 터전

관세청이 징수하는 세금의 규모는 전체 국세수입의 약 1/4에 해당한다. 2004년에는 31조 원 가량을 거두어들였다. 세금의 원천은 수입물품이고 대부분 기업에서 세금을 납부하고 있다.

무역의존도가 높은 우리나라 실정에서 수출입절차의 간소화나 관세행정의 효율화는 대단히 중요한 역할을 수행한다. 글로벌 경쟁시대에 있어 관세행정의 경쟁력은 곧 기업의 경쟁력과도 직결되기 때문이다. 아울러 편리한 관세행정은 기업의 무역활동을 촉진시켜 기업을 살찌우고 세금도 증가시키는 선순환 기능을 수행한다.

그간 세관의 세무조사는 기업이 의도적 또는 실수로 탈루한 세액을 찾아내는데 심혈을 기울여온 것이 사실이다. 그러나 이제는 징세 행정도 기업과 협력관계로 발전해야 한다. 과세관청의 일방적 사후추징은 기업의 자금계획 등 경영활동에 중대한 위험요소가 될 수도 있다. 그러나 스스로 납부하는 세금은 규모가 크더라도 기업활동에 심각한 영향을 미치지는 않는다. 조세저항이나 행정불복은 행정비용을 증가시킨다. 조세를 둘러싸고 벌어지는 다툼은 대체로 전자와 관련되어 있다. 따라서 기업과 세관의 협력은 기업과 정부 모두에게 이롭다.

오늘날 기업은 단순한 사업장이 아니라 국민의 삶의 터전이라는 점에서도 기업과 정부의 협력은 강화되어야 한다. 기업하기 좋은 환경의 조성을 통해 기업이 커나갈 수록 종업원의 삶이 윤택해지고 국민의 후생복리가 증진될 수 있기 때문이다. 글로벌 경영환경에서 수출입활동은 기업의 활동에 중요한 부분을 차지하고 있으며, 세관은 이와 직접적인 관련이 있다. 세관의 행정도 국민의 삶의 터전인 기업이 보다 편리하게 이용할 수 있도록 부단히 그 시스템을 바꾸어나가지 않으면 안된다.

납세비용을 줄여보자

종전까지 기업은 수입신고를 할 때마다 세금고지서를 발급받고 고지서마다 서로 다른 납부기한에 맞추어 세금을 내야 했다. 수입신고 행위가 많을수록 많은 고지서를 관리하고 복잡한 납부기한을 챙겨야 했다. 자금에 충분한 여력이 없는 기업은 납부기한에 맞추어 수시로 은행의 문턱을 드나들어야 한다.

2003년 초일류세관 혁신과제의 하나로 수입통관시 세금납부방식을 기업이 편리하도록 건별납부에서 월별로 일괄 납부할 수 있도록 허용하기로 했다. 2003년 말 관세법 개정을 통하여 2004년 4월부터 기업이 세금을 납부하는 방식에 일대 전환이 이루어졌다. 즉 기업이 1개월 동안 수입한 물품에 대한 세금을 모아서 한 번에 납부할 수 있는 '월별납부제'가 도입된 것이다.

월별납부제의 도입 결과 수출입업체는 적게는 수십 건, 많게는 수천 건의 수입신고물품에 대한 세금을 1개월마다 모아서 한번에 낼 수 있게 됐다. 한 장의 고지서라 납부기한을 관리하기도 편리해졌다. 세금을 납부하기 위해 자주 은행결제를 할 필요도 없어져 자금운용상 여유도 생겼다.

제도시행 결과 2004년 11월까지 956개 업체가 월별납부 방식을 통해 6조 9,285억 원을 납부했다. 매일 1건 이상을 수입신고하는 1,140개 사업장의 약 84%에 해당하는 업체가 월별납부방식을 이용한 것이다.

납부절차가 월간 1회로 간소화되자 납부기한 연장의 효과까지 발생했다. 전체적으로 기업들에게 연간 약 13조 원의 여유자금운용이 가능해지고 금융이자 등 390억 원의 비용절감 효과가 나타났을 것으로 추정되고 있다.

당연히 월별납부제를 이용한 기업체들의 반응은 좋았다.

월별납부제는 청와대 업무혁신공유방에 등재된 업무혁신 우수사례 중 2004년 3월 두 번째 주의 '금주의 베스트'로 선정되기도 했다.

세관이 알아서 환급한다

수출용원자재에 대한 관세환급제도에 의해 환급을 받기 위해서는 수출물품에 결합된 원자재의 가치를 객관적으로 산정해야 하지만 이는 그리 만만한 작업이 아니다. 특히 인력이나 관리기술이 부족한 중소기업으로서는 여간 어려운 일이 아니다. 이러한 중소기업을 위해서는 납부한 세금의 일정금액을 간편한 방법으로 환급해주고 있다. 바로 간이정액환급제도이다.

중소기업의 간이정액환급제도를 더욱 편리하게 해주기 위하여 2003년 8월부터 '자동환급제도'를 도입했다. 종전에는 간이정액환급 대상물품의 수출신고를 하고 다시 별도의 환급신청을 하면 세관에서 이를 심사한 다음 환급금을 지급했다. 자동환급제도는 수출신고와 환급신청을 하나의 문서로 통합한 것이다.

수출신고서의 환급신청란에 'AD(Auto Drawback)' 라고 표기만 하면 환급신청이 있는 것으로 간주해 주는 것이다. 매월 2일 환급금액을 전산 시스템이 자동으로 계산하여 기업체의 계좌에 입금시켜 주고 있다.

간이정액환급제도는 일정한 요건을 충족하는 중소기업만 이용할 수 있다. 대기업이 환급을 받기 위해서는 보다 복잡한 서류와 절차가 요구된다. 이러한 어려움을 해소하기 위한 것이 서류없는 환급제도(P/L : paperless)이다. 2003년 7월 전에도 이미 시행은 하고 있었으나 일정한 요건을 정하고 그 요건에 충족하는 업체만 활용하는 제한된(Positive)방식으로 운용됐다. 그러나 2003년 7월부터는 원칙을 서류없는 환급방식(Negative)방식으로 전환함으로써 대부분의 업체가 이를 이용할 수 있도록 범위를 확대했다.

돌려줄 환급금은 빨리빨리

관세환급제도를 이용하는 업체는 현재 1만 6,000여 업체에 달한다. 이들이 받는 환급금 규모는 연간 약 2조 2,000억 원에 이른다.

종전에는 세관장이 환급금을 결정하면 한국은행 및 지급은행을 통하여 오전 11시, 오후 3시 하루에 두 번만 제한적으로 환급신청업체의 계좌에 입금됐다. 그것도 관세청장이 정한 12개 은행 225개 지점을 통해서만 환급금 지급이 가능했다. 업체 입장에서는 비록 예전보다는 편리해졌지만 원하는 시점에 바로 환급금을 받을 수 없고 은행 선택의 폭도 좁다는 불편이 있어왔다.

이를 개선하기 위하여 한국은행과 협의했다. 협의 결과 2003년 8월 관련법령이 개정되고 같은 해 11월 한국은행이 '실시간 국고금 전자이체 시스템'을 구축했다. 이에 따라 환급신청자가 자신의 은행 계좌를 사전에 세관에 등록해 두면 한국은행에서 바로 신청인 계좌에 입금할 수 있도록 했다.

환급금액 계산도 도와주자

우리나라 수출업체 중 연간 환급금액 1,000만 원 미만의 영세 중소기업은 2003년 말 현재 7,785개 정도이다. 이들은 인력이 부족하고 행정업무에 밝지 않아 환급금을 계산하는데 적지 않은 오류를 범하고 있는 것으로 확인됐다. 2003년 환급금 결정에 필요한 소요량[8]을 심사한 결과 전체 125개 업체 중 85개 업체에 문제가 있음이 확인되었고 부족세액 138억 원을 추징했다.

대체로 이러한 오류가 발생하면 업체의 법규준수도를 의심하여 소요량 심사를 강화함으로써 문제를 해결하려는 경향이 있다. 그러나

---

8) 수출물품을 물리적 혹은 화학적으로 형성하고 있는 원재료의 양과 수출물품을 생산하는 과정에서 발생하는 원재료의 손실량을 포함한 개념이다. 소요량을 과다하게 책정하면 과다환급문제가 발생하고 세관은 이를 추징하게 된다.

법규준수도가 핵심문제라는 것은 단견이다. 오류의 근본원인은 바로 업체의 영세성에서 비롯된 것이다. 업체의 정보와 인력, 기술부족이 소요량 산출에 오류를 범하고 있는 것이었다.

환급금을 지급받아 사용한 후 사후에 추징을 당하게 되면 영세업체에게는 엄청난 타격이 될 수 있다. 생각 끝에 내린 결론은 복잡한 소요량 계산을 세관이 직접 해주자는 것이었다. 환급을 신청하기 전에 소요량 사전확인 요청을 받아 이를 확인해 주고 이를 근거로 환급금을 지급하도록 했다.

'환급금 사전심사제'의 도입으로 정확하게 산정한 환급금이 지급됐다. 혹 있을지도 모르는 국고손실의 가능성도 줄어들었다. 뿐만 아니라 영세업체도 편리해졌다. 세관이 조금 더 고생하자 국가에도 좋고, 업체에게도 좋은 결과를 낳게 된 것이다.

자율심사제도

동서고금을 막론하고 국민들로부터 세금은 환영을 받지 못하고 있는 것 같다. 공자가 지적한 '호랑이보다 무섭다는 가혹한 정치(苛政猛於虎)'도 세금과 관련이 있다. 성경 속의 마태도 세리(稅吏) 출신이었으나 이스라엘 국민은 세리에 대하여 로마에 부역하는 착취자란 나쁜 이미지를 가지고 있다. 미국사람들이 가장 싫어하는 세 부류 사람 중 하나가 세무공무원이란 농담을 들은 적이 있다.

세금이 환영을 받지 못하니 징세기관 역시 그리 환영을 받지는 못한다. 납세자와 징세기관이라는 다소 껄끄러운 관계를 넘어 서로 돕고 협력하는 상생의 관계로 발전할 수는 없을까? 미국에서 시행하고 있고, 개정 교토협약에서도 권고하고 있는 자율심사제도가 그 하나의 예가 될 것이다.

미국에서는 수입업체 스스로 자신들이 세관에 신고한 내용을 심사하여 부족하게 납부한 세금은 자발적으로 낼 수 있도록 하는 유인프로그램을 개발하여 시행하고 있다.

우리나라는 2001년에 도입을 시도한 적이 있었다. 그러나 당시에는 기업의 수용환경이 성숙되지 않아 유보됐다. 초일류세관 추진과제로서 다시 검토해 보니 이제 어느 정도 여건이 성숙된 것으로 판단되어 이 제도를 도입하기로 했다. 제도 도입을 위해서는 법 개정이 선행되어야 하기 때문에 재정경제부에 관세법 개정을 요청하여 2003년 말 관세법을 개정했고, 마침내 2004년 4월부터 시행하게 됐다. 미국에 이은 두 번째 시행국가이다.

자율심사의 시행은 무역업체에 대한 관세징수방식이 세관의 일방적인 부과징수에서 기업과 세관 간 상호협력을 토대로 관세법규의 준수도를 높이는 쪽으로 전환했음을 의미한다. 세금의 징수문제는 기업의 법규준수 노력 여하에 따른 결과일 뿐이다. 자율심사는 법규를 준수시키려는 세관과 이를 준수해야하는 업체가 그 책임의식을 공유할 때 가장 높은 수준의 준법상태가 실현된다는 점에 기초한다.

자율심사를 시행하게 된 배경에는 세관인력의 부족이 한몫을 차지한다. 수입신고만 하더라도 연간 400만 건 중 제한된 인력 때문에 이 중 15% 수준밖에 심사할 수 없었다. 나머지 85%는 결국 업체와의 협력에 의존해야 하는 것이다. 어떻게 협력할 것인가? 기업의 신고를 세관이 신뢰할 수 있으면 된다. 신고에서 오류가 발생하면 잘못 납부된 세금의 추징보다 먼저 그 오류가 발생한 원인을 규명해서 반복적 오류를 없애야 한다. 세관신고에 필요한 자료를 입수하고 확인하는 기업의 업무프로세스에 이상이 있다면 오류가 반복된다.

따라서 자율심사에서는 기업의 업무프로세스에 대한 높은 수준의 내부통제 시스템을 강조한다. 결국 최근 성숙해진 기업회계의 투명성에 대한 인식, 기업의 윤리경영의식도 자율심사를 도입할 수 있게 된 중요한 배경의 하나가 되는 것이다.

자율심사제도에서 세관은 기업에게 오류가능성이 있는 정보와 세율이나 과세표준에 영향을 줄 수 있는 세관의 내부정보를 최대한 제공한다. 세관의 관심대상은 자율심사업체의 모든 수출입신고내용이 아니라 추출되는 일부 표본에 있다. 그 표본에 오류가 있는지 여부는 물론 업체에서 먼저 확인을 하고 오류가 있다면 수정해서 세관에 신고를 하게 된다. 오류가 많은 업체는 개선 프로그램을 제시하고 성실하게 이행하면 되는 것이다.

제도를 도입한 다음 먼저 30개 업체를 대상으로 자율심사제를 시행하여 보았다. 6개월이 지나 분석해 보니 성과가 상당히 좋은 것으로 나타났다. 30개 업체의 평균점수가 95점 이상이었다. 참여한 업체들도 만족해 했다. 당초 잘못 납부한 세금의 추가 납부세액도 144

억 7,000여 만원으로 전년동기 세관이 직접 조사하여 부과 징수한 세액에 비해 약 91억원이 증가했다. 물론 이중 대부분이 세관이 제공한 정보를 토대로 한 것이긴 하나 경우에 따라서는 기업 스스로 확인하여 자진납부한 것도 포함되어 있다.

자율심사제도는 기업의 활동, 그 가운데서도 특히 국민의 의무사항인 납세와 관련한 제반 활동을 행정당국이 신뢰하고 기업과 행정기관이 상호 협조하는 새로운 납세문화의 한 모습이다.

혁신의 불꽃, 요원의 불길처럼

The government for the Best It's not a dream-anymore

The government for the Best

01
∶

전환점에 서다

혁신과정을 되짚어 보며

2004년에 접어들면서 초일류세관 구현을 위한 관세행정 제1차년도 혁신작업을 되돌아보고 부족한 부분을 보완해야겠다는 생각이 들었다.

초일류세관 추진 60대 과제 중 2003년 말까지 37개 과제가 완성됐다. 어느 정도 성과가 있다고 자족할 수도 있었지만 새로운 행정수요를 반영하여 추가과제를 발굴하기로 했다. 2003년 12월 개최한 제3차 초일류세관추진위원회의 심의를 통해 과제를 66개로 늘렸다. 과제를 늘린 것은 초일류세관 추진이 일과성 이벤트가 아닌 지속적 업무혁신 과정임을 의미한다.[9] 추진과제는 추진기획단과 4개 T/F팀의 강력한 추진력에 의해 순조롭게 진행되어 가고 있었다.

그러나 일하는 방식과 행태의 변화를 유도하기 위한 3S 운동에 대해서는 좀 더 확대하고 체계화할 필요가 있었다. 회의를 줄이고 보고절차를 바꾸는 등 단기간에 걸쳐 가시적인 성과도 있었지만 지속적인 관심과 개선작업이 요구됐다. 관심이 떨어지면 예전의 비능률적인 행태나 방식은 다시 살아나기 마련이기 때문이었다.

아울러 과연 얼마나 많은 직원들이 3S 운동에 자발적으로 참여하고 있는지를 자문해 보았을 때 그 대답은 다소 부정적이었던 것이 사실이다. 대체로 전체 관세공무원의 자발적 참여 문제는 초일류세관 추진전략의 이행에 있어서도 마찬가지였다. 전체 관세공무원의 1/20도 채 되지 않는 소수의 직원들이 참여하고 있었던 것이다.

따라서 위로부터 시작된 혁신의 분위기를 광범위하게 확신시키고 4,200여 관세공무원 모두가 자발적으로 참여하고 일상적으로 혁신을 추진하는 시스템을 갖출 필요가 있었다. 혁신참여자의 확대와 일상화된 혁신은 초일류 세관만들기의 추진동력이자 앞으로 완성될 초일류세관의 든든한 버팀목이 될 것이기 때문이다.

혁신의 본격화를 위해

'혁신'을 모토나 슬로건으로만 주창하면 가시적인 성과를 기대할

---

9) 초일류세관 추진과제는 2004년 4월 제4차 위원회에서 80대 과제로, 2004년 11월 말 제5차 위원회에서 90대 과제로 확대됐다.

수 없다. 혁신이 성공하기 위해서는 우리가 왜 혁신을 해야 하고, 추구하고자 하는 목표가 무엇이며 장단기적으로 무엇을 할 것인가가 명확해야 한다.

혁신에 대한 비전과 목표, 그리고 과제가 구성원 사이에 자연스럽게 공유되고 확산되어야 한다. 2004년 한 해는 혁신의 본격적인 추진을 위해 이러한 시스템을 갖추고자 노력한 해였다.

무엇보다 먼저 관세행정 혁신의 비전과 목표, 그리고 과제를 명확하게 제시할 필요가 있었다. 우선 '관세행정 혁신 및 내부 역량 강화를 통한 초일류세관 구현으로 동북아 경제중심 실현에 기여한다'는 비전을 제시했다.

이를 위한 2004년도 혁신목표는 초일류세관 추진 제2차년도로 수출입 물류체계, 통관 시스템의 지속적 혁신과 함께 일하는 방식의 혁신으로 잡았다. '일 잘하는 관세청', 대화와 협력을 통한 '대화 잘하는 관세청'을 만들고 이를 통해 '국민으로부터 신뢰받는 관세청'을 실현하자는 것이었다. 이러한 비전과 목표를 2004년도 관세청 주요업무계획에 반영했다.

변화의 선도자를 키우자

2004년 초까지 혁신은 그저 혁신담당관실의 업무로만 인식하는 경향이 다분했다. 물론 초일류세관 추진기획단을 중심으로 하는 핵심 그룹은 그러한 경향에서 벗어나 있었지만 대부분의 관세공무원들에게 혁신이 확산되기 위해서는 보다 확실한 시스템과 전략이 필요했던 것이다.

모든 관세공무원이 일시에 혁신대열에 동참할 수 있기를 바라는 것은 무리였다. 우선은 본청의 혁신담당관실을 주축으로 본부세관과 산하세관에 혁신을 주도할 핵심조직과 인력을 재구축할 필요가 있다고 생각했다. 이들을 거점으로 점차 확산시켜 나가는 전략이 필요했던 것이다.

2004년 3월 30일 초일류세관 추진과정에서 결성한 T/F팀을 주축으로 본부세관과 산하세관에 혁신전담조직을 편성했다. 혁신조직이 본청, 본부세관, 세관의 3단계로 재편성되어 총 40개팀 323명이 혁신활동에 주력할 수 있는 여건을 조성한 것이다. 323명은 전체 관세공무원의 8%에 이르는 수준이었다. 아울러 본청 주니어보드나 자발적 학습조직 등 비공식조직과 혁신서포터즈를 참여시켜 주체적으로 살아 움직이는 혁신추진체계로 발전시켰다.

혁신추진체계를 재정비하여 혁신 네트워크를 구축하고 나자 이들의 활동을 촉진하기 위한 평가 시스템이나 역량을 강화시킬 수 있는 수단이 필요했다.

우선 본청 주관으로 전국세관 혁신담당관 워크숍을 개최하였고 본부세관별로도 워크숍을 개최하도록 했다. 2004년 한 해 동안 본청주관의 전국세관 혁신담당관 워크숍이 18회, 본부세관 워크숍이 16회나 이루어졌다. 주제가 있을 때마다 워크숍을 개최하여 난상토론을 벌이고 서로의 생각과 경험을 공유하고 결론을 도출해 냈다. 그 과정에서 혁신담당관들은 혁신선도 주체로서 자연스럽게 혁신마인드를 재충전하는 기회를 갖기도 했다.

관세행정 혁신 로드맵

2004년도 관세행정 혁신과제는 그해 5월 20일 확정된 '관세행정 혁신로드맵'으로 구체화됐다.

관세행정 혁신로드맵은 초일류세관추진위원회, 혁신전략회의, 전국세관혁신담당관 워크숍 등에서 심층적인 토론을 거쳐 확정됐다. 로드맵은 혁신비전과 혁신목표, 그리고 이를 달성하기 위한 구체적 추진과제들로 구성되어 있다.

관세행정 혁신로드맵은 인적 혁신역량 강화를 통한 구성원의 마인드 변화, 조직적 혁신역량 강화를 통한 조직의 변화, 혁신으로 가는 방법과 혁신활동의 환류를 위한 결과의 관리체계를 제시하고 있다.

내용상으로 보면, 혁신인프라 구축, 마인드 확산, 성과관리 등 혁신여건의 조성을 위한 14개 과제가 포함된다. 초일류세관 추진 제 2차년도에 추진해야 할 29개 과제도 포함시켰다. 3S 운동의 지속적 추진을 위한 일하는 방식의 개선과제도 25개가 포함됐다. 그리고 정부부처간 협력이나 관세청 조직 내부의 대화와 토론을 위한 9개 과제와 대국민 커뮤니케이션 활성화를 위한 13개 과제가 망라되어 있다.

관세행정 혁신로드맵 90대 과제를 마련함으로써 비로소 2004년도 이후 관세행정의 혁신을 위한 기본틀을 완성했다고 할 수 있다.

혁신비전을 공유하라

비전은 공유되어야 한다. 그리고 그 비전이 모든 구성원에게 공유되어야 실현가능성이 높아진다. 혁신의 비전과 과제가 아무리 잘 만들어졌다 하더라도 직원들 사이에 공유가 되지 않는다면 그야말로 허상에 불과할 따름이다.

혁신로드맵이 완성되고 나서 이를 전국 관세공무원들에게 확산시키고 인지시키는 작업이 필요했다. 우선 혁신의 선도자인 전국세관의 혁신담당관과 본부국실장, 본부세관장 합동 워크숍을 개최하기로 했다. 2004년 5월 30일 개최된 합동 워크숍을 통해 2004년도 관세행정 혁신비전 선포식을 거행했다.

그리고 직원들에게 파급력이 크게 미칠 수 있는 본부세관장이나 본청의 국·실장이 이 자리에서 직원들에게 보내는 동영상 혁신 메시지를 촬영하도록 했다. 이를 혁신로드맵과 함께 이들 혁신메시지를 각 본부세관 또는 본청 국·실별 홈페이지에 게재하여 모든 관세공무원들이 혁신비전과 과제를 명확히 인지할 수 있도록 했다.

회의도 전략회의로

관세청은 그동안 본청 국실장이 참가하는 주간 간부회의, 본부세관장과 관세평가분류원장 등 본청 직속기관장이 참석하는 월간 확대 간부회의, 본부세관장만 참가하는 월간 본부세관장회의를 개최하고 있었다.

간부회의를 혁신점검회의로, 본부세관장회의를 본부세관 혁신점검회의로, 확대간부회의를 확대 혁신점검회의로 바꾸었다.

그리고 청장주재의 모든 공식회의도 혁신관련회의로 이름과 진행방식을 바꾸었다. 회의의 명칭과 진행방식을 바꿈으로써 본청 국·실장 및 본부세관장 등 주요간부가 자연스럽게 혁신업무의 비중을 키워나가도록 한 것이다.

위의 회의에서는 혁신과제를 우선적으로 점검했으나 통상적인 업무보고 포함하고 있었다. 이에 따라 관세청 주요간부들이 모두 모여 관세행정 혁신이라는 주제를 집중적·정기적으로 토론할 수 있는 장이 열린 것이다.

혁신의 광장으로 나오라

참여혁신광장을 열며

전국세관 혁신담당관을 주축으로 한 혁신추진체계와 혁신로드맵이 마련되고, 회의형식을 바꿈으로써 자연스럽게 혁신활동이 점차 확산되기 시작했다. 그러나 그것은 기승전결의 구조에 빗대어 말하자면 아직은 기(起)의 단계였다고 할 수 있다.

기(起)를 승(承)으로 전환시키는 중요한 계기가 된 것이 인트라넷이었다. 오프라인 상으로는 의사소통이나 아이디어의 확산에 시간적으로나, 공간적으로 제약이 있기 마련이다. 직원들이 언제 어디서나 혁신아이디어와 노하우를 서로 공유할 수 있는 사이버 공간이 필요했다. 앞선 정보화수준을 적극 활용하기로 한 것이다.

2004년 10월 관세청 인트라넷인 지식관리 시스템에 '참여혁신광장'을 신설했다. 세부적으로는 '혁신공지사항', '혁신아이디어', '혁신사례방', '혁신자료관' 등의 하위 폴더(Folder)를 갖추었다. 전국의 관세공무원 개개인이 수행한 혁신활동이나 성과를 단순한 아이디어에서 구체적 이행계획까지 원하는 공간에 언제라도 등재할 수 있는 시스템을 만든 것이다.

2004년 11월 9일에 발생한 일이다. 관세청 지식관리 시스템이 다운되는 소동이 벌어졌다. 원인은 직원들이 참여혁신광장에 과도한 혁신아이디어를 등재했기 때문이라고 했다. 이날 하루만 전국세관에서 아이디어 등재건수가 약 800건에 달했다고 하니 혁신열기를 미루어 짐작할 수 있는 대사건이 아니었나 생각된다. 참여혁신광장이 명실공히 혁신의 쌍방향 대화창구 역할을 수행할 수 있게 된 것이었다. 드디어 '참여혁신광장'이 관세공무원들로 북적대기 시작했다.

시선집중! 중요회의 온라인 공개

각종 회의가 끝나면 국·실장들은 각 사무실로 돌아가 직원들에게 회의내용을 전달한다. 이런 메커니즘은 정보의 왜곡이 일어나기 쉽다. 따라서 앞으로 중요한 회의는 전국의 직원들이 실시간으로 청취할 수 있도록 공개하기로 했다. 우선 이달의 관세인선정 회의부터 '청내 인트라넷 온라인 방송망'을 통해 공개하기로 했다.

이달의 관세인은 모든 세관직원들이 가장 영예롭게 여기는 표창이다. 누구나 한번 받고 싶어하는 상이기에 직원들의 관심이 대단하다. 따라서 이달의 관세인선정은 청장이 직접 선정 위원회를 주재한다. 모든 직원들이 그 선정과정을 궁금해하기 때문에 우선 공개하기로 한 것이다. 직원들의 입장에선 '판도라의 상자'가 열린 양 신기해하면서 열띤 호응을 보였다.

회의가 공개되자 이달의 관세인 선정과정이 얼마나 공정하게 진행되는지 알려졌고, 본청의 모든 의사결정과정에 대한 신뢰도도 크게 높아졌다. 특히 혁신분야에 있어서는 자신의 혁신활동과 다른 혁신유공자의 혁신활동을 비교하고 스스로 되돌아보는 계기가 되기도 했다. 혁신성과를 상호 비교·평가할 수 있는 공간이 열렸다.

그 이후 본청에서 개최되는 주요 토론회, 간담회, 보고회의 등도 '청내 온라인 방송망'을 통해 전국의 직원들에게 개인 컴퓨터를 통해 들을 수 있게 되었다.

토론하는 관세청

변화와 혁신에 있어서 저항이나 무관심은 자연스러운 현상이다. 그것을 어떠한 방식으로 극복할 수 있느냐하는 것이 중요할 뿐이다. 저항이나 무관심은 실패의 핑계나 이유가 아니라 적극적인 관리대상일 뿐이다.

온라인뿐만 아니라 오프라인에서도 저항이나 무관심을 극복하는 수단이 필요하다고 생각했다. 전국의 본부세관이나 일선세관 혁신담당관이 지역적으로 분할하여 확산을 주도하고 있지만 그들의 활동에 힘을 실어줄 필요가 있었던 것이다.

따라서 청장이 직접 본부세관에 나가서 그 지역의 간부와 일선직원을 한자리에 모아놓고 '혁신토론회'를 주재했다.

그 자리에서 토론을 하고 결론을 내는 모임이었다. 보다 심도있는 검토와 관계기관 협의가 필요한 사람은 현장에서 구체적인 지침을 주고 그대로 실행하도록 했다.

2004년 9월 17일 인천공항세관(주제 : 항공화물 물류 신속화 방안)을 필두로 인천본부세관(주제 : 고객만족향상을 위한 서비스 제고 방안), 부산본부세관(주제 : 혁신 5단계 정착을 위한 세관 혁신활동 체질화 방안), 서울본부세관(주제 : 이사화물 통관 효율화 방안)과 혁신토론회를 가졌다. 토론주제도 각기 세관의 특성에 맞게 선정하도록 한 것이다.

본청에서는 과단위로 돌아가면서 직원들과 격주로 '청장과의 수요토론회'를 실시했다. 차장은 '토요정책포럼'을 개설하여 역시 과단위 토론회를 개최했다. 본청과 세관에 혁신토론회가 자리를 잡게 된 것이다. 주제는 각 과단위의 제일 어려운 현안과제를 선정하도록 하고, 다양한 의견을 들은 다음 가능하면 그 자리에서 결론을 내리는 회의로 진행했다.

우리 모두 성공할 수 있다

성공경험은 자신감의 어머니

혁신을 추진하는 과정에서의 성공적인 경험은 자신감을 북돋아주는 역할을 한다. 성공에는 단타도 있고 만루홈런도 있을 것이다. 단타도 자주 치다보면 요령이 생겨 만루홈런은 아니더라도 장타로 연결될 수 있다. 만루홈런을 준비하는 사람으로서는 동료가 쳐주는 단타가 장차 자신의 그랜드슬램(Grand Slam)을 위한 하나의 과정이 될 수 있다.

성공에 대한 조그만 경험이 자신은 물론 성공을 준비하는 동료들에게도 자신감을 주게 되는 셈이다.

민원처리과정 Feedback

2004년 4월 27일부터 30일까지 개최된 정부부처 혁신담당관 워크숍에서 '민원처리과정 중간피드백' 실시가 관세청 등 7개청의 단기성공과제로 선정됐다. 민원처리결과 뿐만 아니라 민원처리과정에 대한 세심한 접근을 통해 민원만족도를 제고할 필요성이 증대되고 있는 상황이라 과제가 잘 선정됐다고 생각됐다.

인터넷을 통한 민원상담 답변을 이메일을 통해 고객에게 발송할 때 고객이 답변을 확인한 후 어느 정도 만족하였는지를 점수로 표기하도록 했다. 고객만족도를 분석하여 고객의 불만족 사항에 대하여는 유형별로 정리하여 원인과 개선방안을 마련하도록 했다.

또한 서면으로 접수되는 민원은 접수되는 즉시 고객에게 전화를 걸어 서류에 담기지 않은 민원인의 사정까지도 추가로 확인하도록 했다. 결과를 통지할 때에는 만족도를 묻는 설문지를 동봉하여 발송했다. 물론 회신된 설문에 대해서는 분석작업을 거쳐 개선방안을 마련한다. 민원처리의 사후관리를 통해 고객감동으로 이어지는 서비스를 구현하고자 한 것이었다.

특히 인터넷 상담민원에 있어 공공기관 최초로 '인터넷을 통하여 고객의 만족도를 실시간으로 평가하는 시스템'을 구축한 것은 이후 다른 기관들의 벤치마킹 대상이 되기도 했다.

단기성공(Quick-Win) 과제

  과거에 정부기관의 워크숍은 토론 주제가 미리 공표되고 발표자가 자료를 미리 작성하여 오는 것이 관행이었다. 이러한 형태의 워크숍의 경우 대부분 사전에 지정된 발표자나 토론자가 미리 발표내용과 토론내용을 작성해 와서 이들 위주로 토론이 이루어지고 나머지 참가자는 들러리나 서는 경우가 많았다. 이런 형태의 연찬회에서는 다수의 참여를 기대하기 어렵다. 따라서 사전에 준비없이 참여하여 그날 주어진 주제를 놓고 모든 참가자가 자유롭게 토론할 수 있는 브레인스토밍(Brainstorming)방식으로 바꾸도록 했다.

  2004년 5월 30일 개최된 제1차 전국세관 혁신담당관 워크숍에서는 단기성공(Quick-Win)과제를 발굴하여 추진하는 것이었다. 혁신을 성공적으로 정착시키기 위해 일정한 성과를 가시적으로 확인하는 작업이 필요했기 때문이다. 단기성과는 구성원에게 보람을 주고 혁신주체에게 동기를 부여해 주기도 하며, 냉소주의자들의 입지를 좁히고 이들을 혁신의 제도권으로 유인하는 데 중요한 역할을 하는 것이다.

  나는 혁신워크숍 둘째 날의 단기성공과제 발표시간에 참석했다. 충청북도 충주시 외곽에 있는 건설경영연수원으로 가면서 이번 워크숍은 친목도모적 워크숍과는 달리 밤 늦게까지 열띤 토론과 참여가 이루어졌다는 보고를 받았다. 저녁식사 후에도 뒤풀이 행사없이 뜨거운 토론이 이어졌다고 한다.

강연장을 들어섰을 때 6개 분임별로 토론을 하면서 적어 놓은 메모지가 벽에 가득 붙어있는 모습을 보고 전날 저녁 얼마나 많은 학습과 토론이 이루어졌는지를 가히 짐작할 수 있었다. 새벽 3시까지 토론했다는 어떤 분임의 발표를 듣는 순간 우리 관세청 직원들의 혁신 열정을 실감할 수 있었다. 밑으로부터의 혁신이 이루어지고 있으며 또 성공할 수 있다는 자신감도 생겼다.

어떤 세관의 모 직원은 "이런 워크숍 방법은 정말 참신하다. 계속 실시되어야 하지만 나는 빼놓고 실시했으면 좋겠다"고 농을 하여 좌중의 웃음을 자아내기도 했다.

이날 워크숍에서는 6개 본부세관별로 단기성공 혁신과제 선정을 위한 토론을 했다. 그 결과 서울본부세관은 '불필요한 일 20가지 찾아 버리기', 인천공항세관은 '고객만족도 측정카드제를 활용한 고객만족도 향상', 부산본부세관은 '관리자 직접상담제를 통한 갈등민원 해소', 인천본부세관은 '상습갈등민원 집중관리제', 대구본부세관은 '문서총량제', 광주본부세관은 '법정민원처리기간 20% 단축'을 각각 본부세관별 단기성공 과제로 선정했다.

지금 생각해도 이런 과제들이 사전협의없이 전원이 참석하여 하룻밤 사이에 도출될 수 있었다는 것이 경이롭기만 하다. 2003년부터 많은 워크숍을 진행해 왔다. 서먹서먹한 분위기, 공식적 회의와 같은 딱딱한 분위기를 완화하기 위한 레크리에이션 과정도 물론 유용한 측면이 있었다. 그러나 2004년도 제1차 혁신담당관 워크숍은 분위기를 위한 워크숍이 아니라 참여적 토론을 위한 워크숍이었다.

아무리 좋은 과제를 선정했다고 해도 이를 실행하지 않으면 아무런 의미가 없다. 다음은 제대로 실행하느냐의 문제가 남아 있었다. 주기적인 모니터링을 통해 과정을 체크하는 것이 필요하다고 생각하였는데 문제는 비용을 들이지 않거나 최소화 하는 것이었다. 묘안으로 생각한 것이 월간 본부세관 혁신점검회의 때 본부세관장이 매월 추진상황을 발표하도록 하는 것이었다. 당연히 본부세관장들이 직접 나서서 과제를 챙기게 됐고, 이에 따라 6개 본부세관이 자신들이 선정한 과제들을 모두 성공리에 완수했다.

100일 성공과제

단기성공과제가 대성공을 이루자 좀 더 혁신의 불길을 확산시키기 위해서는 세관장들과 본청의 간부들도 이런 혁신의 성공경험을 습득하는 것이 꼭 필요하다는 생각을 하게 됐다. 밑에서 준비해 주는 것보다는 풍부한 경험과 노하우에서 우러나온 자신만의 성공경험이 중요하다고 생각했다. 또한 실무차원의 작은 과제들보다 큰 그림이나 폭넓은 과제를 희망했다.

2004년 9월에 '100일 성공과제 선정을 위한 관세청 간부 워크숍'을 개최했다. 과제선정에 앞서 단기성공과제 추진팀이 과제선정과정과 추진과정을 상세히 설명하도록 함으로써 간부들의 이해를 도왔다.

간부라는 직책에 어울리고 또 앞선 단기성공과제추진의 경험을 토대로 어려운 과제들을 선정하기로 했다. 정부혁신지방분권위원회의 행정개혁 로드맵에 나오는 효율적인 행정, 봉사하는 행정, 함께하는 행정, 투명한 행정과 혁신지속체계 구축이라는 과제들이었다.

본청 통관지원국은 '성공·실패사례 분석 및 제도개선 추진', 심사정책국은 '심사행정 불량품 10개 발굴하여 개선하기', 조사감시국은 '조사·심사·통관국간 정보교류 체제 구축', 서울세관은 '세관행정의 잘못된 관행 및 관습 타파', 부산세관은 '1계 1혁신 성공경험 갖기', 인천공항세관은 '행정편의규정 30개 발굴 및 실행기준 마련'이라는 과제를 선정했다.

단기성공과제와 마찬가지로 각종 회의를 통하여 주기적으로 모니터링을 실시하고, 국·실장과 세관장들이 앞서서 과제의 이행을 진두지휘한 결과 큰 과제들임에도 불구하고 소기의 성과를 거둘 수 있었다.

성공경험 갖기 운동

부산세관의 '1계 1혁신 성공 경험 갖기 운동'은 관세청의 전체적 혁신과정에서 보면 하나의 커다란 전기가 될 만한 것이었다. 100일 동안 추진할 과제치고는 달성하기 어려운 과제임이 틀림없었지만, 부산세관의 혁신 열기는 그런 걱정을 한낱 기우로 만들어 버렸다. 그리고 이런 부산세관의 열기는 타 세관으로 자연스럽게 번져나가 관세청 소속 전체 세관이 '1계 1혁신 성공경험 갖기'로 확산됐다.

이런 성공경험이 하나하나 모여서 청와대 업무혁신 공유방에 2004년 12월 말 현재 103건이나 등재됐다. 물론 숫자만으로도 선두그룹에 속했다. 청와대 업무혁신 공유방은 사례를 올린다고 해서 다 등재되는 것은 아니다. 타기관의 벤치마킹 수준이 되어야 하며, 성공 사례의 추진과정이 생생하게 보고되어야만 한다. 이런 점을 생각해 보면 103건이라는 실적은 예상하지 못한 큰 성과물이었다.

업무혁신 사례방에 등재된 것을 기준으로 할 때 관세청 사례에 특징이 있다면 그것은 본청보다는 일선세관에서 더 열심이었다는 점이다. 전국 세관으로 확산된 성공경험 갖기 운동, 즉 단기성공과제와 100일 성공과제의 성공적 추진이 하나의 기폭제가 됐음은 두말할 나위가 없다.

The government for the Best

04
:

경쟁과 성과, 그리고 보상

혁신마일리지를 쌓아라

2004년 들어 혁신이라는 자동차는 관세청에서 거침없이 달리고 있었다. 자동차를 잘 관리하기 위해서는 얼마를 달렸는지 파악하고 있어야 하는 것처럼 혁신관리를 잘하기 위해서는 각 부서별, 개인별 혁신활동 수준을 실시간으로 측정할 수 있어야 한다.

애초 혁신성과를 측정하고 관리하는 마일리지제도의 도입에 관한 논의가 2004년 2월부터 있었지만, 구체적 안이 마련된 것은 8월이었다. 보다 더 정교한 틀을 갖추도록 하기 위해 1개월 동안 초안에 대해 많은 내외부 의견수렴절차를 거치도록 했다. 일부러 이런 과정을 거치도록 한 것은 많은 직원들에게 혁신마일리지가 도입된다는 사실을 인지할 수 있는 기회를 주기 위한 것이었다. 혁신마일리지의 도입이 직원들에게 미치는 파급효과가 작지 않을 것으로 예상됐기 때문이다.

2004년 10월 12일 혁신마일리지제도 시행 선포식을 하면서 혁신분위기를 더욱 더 고조시키기 위해 혁신스타 특별승진식도 거행했다. 나는 선포식에서 혁신마일리지를 통해 계속해서 혁신스타를 발굴하고 그에 맞는 인센티브를 부여하겠다는 것을 전 직원에게 약속했다.

혁신마일리지제도가 본격적으로 가동되기 시작하자마자 전 직원들에게 혁신활동이 일상업무로 바뀌어가기 시작했다. 매일 아침 출근하면 자신의 마일리지를 확인하는 것이 첫 번째 일이 됐고, 간부들은 소속 직원들의 마일리지를 체크하면서 직원들을 독려하기도 하고 마일리지가 높은 부서를 벤치마킹하기에 여념이 없었다.

하루는 내가 혁신마일리지제도가 잘 운영되고 있는지 알아보기 위해 이곳저곳 살펴보는데, 업무매뉴얼 폴더에 '된장찌개 잘 끓이는 법'이라는 매뉴얼이 있지 않은가?[10]

순간, 마일리지를 높이기 위해 이런 자료까지 올리는 직원도 있구나'하는 생각에 잠시 머리가 혼란스러워졌다. 그냥 지나칠 수가 없어 비서를 시켜 그 직원이 누구인지를 알아보도록 했다. 나의 언짢은 모습에 그의 얼굴에도 무척이나 어이 없어하는 표정이 역력했다. 그

---

10) 업무매뉴얼을 만들어 등재하면 일정한 마일리지가 부여된다.

러나 잠시 후 비서가 웃으면서 나의 방에 들어와 다음과 같이 말해주었다.

"그 직원은 ○○세관의 식당아줌마(기능직)라고 합니다."

기능직의 식당 아줌마까지 혁신마일리지 점수를 따기위해 혁신마일리지방에 '혁신 식단 매뉴얼'을 올린 것이다.

혁신마일리지를 높이기 위한 직원들의 열정은 대단했지만 한편으로 스트레스를 받고 있는 것도 사실이다. 직원들이 가볍게 이야기를 주고받는 인트라넷 '사랑방'에서는 '울트라슈퍼 혁신자동기계를 어디서 구할 수 없는가'라는 식의 질문들도 나타났다. 업무혁신과는 다소 거리가 멀 것 같았던 조사분야에서도 신선한 혁신사례들이 나타나기 시작했다. 피의자가 조사를 받으면서 조사관이 꾸미는 진술조서를 실시간으로 볼 수 있도록 피의자 앞에 모니터를 설치한 것이나, 그때까지 폐기처리를 당연시했던 유명상표 도용 의류를 상표만 제거

> 내년부터 세관에서 단순한 통관절차를 위반한 피의자에 대해선 인터넷을 이용해 조사가 이루어진다. … 인터넷 채팅조사는 피의자와 조사관이 세관 인터넷 홈페이지에 설치된 인터넷 조사전용 채팅 프로그램을 통해 질의와 응답을 한 뒤 피의자가 조서를 출력, 서명하여 세관에 우편으로 발송하는 방식으로 이루어진다. 인터넷 채팅 프로그램에는 위조 및 변조방지 등 보안장치가 마련되어 있어 피의자가 조서내용을 마음대로 고칠 수 없게 되어 있다. 99
>
> 2004. 12. 11 동아일보 기사에서

하고 불우이웃돕기용으로 활용할 수 있도록 검찰과 협의한 사례 등은 대표적이다. 밀수혐의자에 대하여 인터넷 홈페이지를 이용한 온라인 조사도 이루어지고 있다.

마일리지 경쟁이 과열되기도 했다. 갓 들어온 직원에서부터 정년을 앞둔 직원까지 마일리지를 높이기 위해 고심하고 있다고 한다. 과열된 경쟁의 폐단을 지적하는 사람도 있다. 어떤 세관은 미처 법이나 제도적인 측면에의 부합 여부를 치밀하게 검토하지 못하고 혁신사례를 올린 적도 있다고 한다. 혁신사례를 올리는 직원입장에서는 마일리지를 부여받느냐 여부는 매우 중요하다. 그러나 나는 그가 마일리지를 부여받지 못하였거나 낮은 점수의 마일리지를 부여 받았다고 하더라도 마일리지를 쌓고자 하는 노력에 후한 점수를 주고 싶다. 그리고 혁신과정에서 들려오는 뒷이야기들도 소중하게 생각한다.

혁신 노하우를 전수하라

각종 혁신관련 시스템이 도입되고 혁신에 대한 경쟁이 가속화되자 앞서 가는 세관(부서)과 뒤로 처지는 세관(부서)이 확연히 구별되기 시작했다. 혁신을 추진하는 데 있어서 서로 경쟁이 붙으면 시너지 효과가 발생하지만, 너무 큰 수준 차이가 나면 오히려 역효과가 나타날 수 있다. 즉 뒤에서 따라가는 사람이 앞에 가는 사람과 거리가 너무 차이가 나면 뒤따라가는 것을 포기하는 것과 마찬가지다.

경쟁을 붙이는 사람의 입장에서는 앞서가는 사람이 뒤에 처져 있는 사람에게 노하우를 전수하기 바라지만, 앞서가는 사람은 자신의 노하우를 쉽게 전수하려고 하지 않는 습성을 가지고 있다.

혁신의 노하우를 효과적으로 전수하는 방법은 없을까? 선도자가 직접 후발자에게 전수하는 것은 기대하기 어렵지만 그 사이에 누군가 가교역할을 하면 자연스럽게 선도자의 노하우가 파악되고 이를 후발자에게 전할 수 있을 것이라는 생각이 들었다. 혁신담당관실과 함께 30개 세관별로 혁신 T/F팀장 및 팀원을 대상으로 혁신 인터뷰를 실시하기로 했다. 세관별 혁신수준을 진단해 이를 토대로 적절한 혁신관리전략 및 혁신노하우를 전수하도록 한 것이다.

이러한 인터뷰 실시로 본청 혁신담당관실이 각 세관의 현실을 제대로 파악하는 기회도 될 수 있을 것이라고 판단했다. 또한 혁신담당관실과 일선세관이 대면하여 의사소통을 하게 됨으로써 정보전달의 정확성도 최대한 높일 수 있었으며 이러한 과정에서 얻어진 혁신노하우를 서로 공유하도록 함으로써 구성원들의 혁신능력향상을 도모할 수 있었다.

Best와 Worst

혁신사례가 많이 축적되자, 관세청 전 직원에게 우수한 혁신사례를 공유할 수 있는 기회의 장을 마련할 필요가 있었다. 우수한 혁신사례를 만든 팀이나 개인을 발굴하여 시상함으로써 적절한 보상을 제공하고 이를 통해 건전한 경쟁을 유발시키기로 했다.

11월 30일까지 청와대 업무혁신공유방에 등재된 우리청 혁신사례를 대상으로 1차 심사를 실시하여 본선 진출작 15건을 'Best Practice'로 선정했다. 본선에서는 심사의 공정성을 도모하기 위하여 민간 혁신전문가 4명을 초빙하기도 했다. 심사결과 별도의 예산과 인력증원 없이 '부산항 24시간 상시하역체제를 구축한 사례'가 최우수작으로 선정됐다. 베스트 중의 베스트인 셈이다.

그런데 정책이나 제도는 사전에 아무리 치밀하게 준비한다 해도 환경이 변화하거나 이를 이용하는 고객에게 불편이 생기게 되면 바꾸어주어야 한다. 또 사전준비과정에서 충분한 토론이나 심사숙고의 과정을 거치지 못한 정책도 있을 수 있다. 행정불량품으로 볼 수 있는 이러한 사례는 어디에나 있을 수 있다고 생각된다.

사실 정책입안부서에서 나름대로 완벽한 정책을 입안했다고 하더라고 이를 집행하는 부서에서는 현실 여건상 이를 제대로 소화 못하는 경우도 있다. 이는 본청과 일선세관이 서로 유기적인 대화와 협력이 부족하기 때문일 것이다.

2004년 8월 제1회 '관세행정 불량품 발굴·개선 콘테스트'를 개최했다. 불량품으로 선정된 과제를 추진한 사무관은 동료들로부터 '불량품 사무관', 심지어 '쓰레기 사무관'이라는 애칭을 얻기도 했다. 아마 직원들의 입장에서는 불량품이라는 용어가 좀 생경스럽고 어색하기도 하였을 것이며 심한 경우 거북하기도 했을 것이다.

그러나 어떤 측면에서 보면 매우 신선한 측면이 있었다. 그동안 문제가 있다는 것을 알면서도 방치되거나 개선을 미루어 온 과제들을 공식의제로 설정하여 대안을 검토할 수 있는 기회가 됐기 때문이다. 발굴 작업에 들어가자 일선세관으로부터 총 75건이나 접수됐다. 이들을 본청 국과장이 참석한 회의에 상정한 결과 15건이 개선대상 불량품으로 선정됐으며 나머지 불량사례들도 계속 선별하여 개선여지를 검토하도록 했다. 그리하여 2004년 12월 말 현재 재생작업을 거쳐 17건이 개선 완료됐고, 18건은 아직 재생공정에 들어가 있다. 대단히 성공적이었고 이는 다시 일선세관으로 확산되어 세관이 자체적으로 불량품을 발굴, 개선하게 되는 계기를 마련했다.

잘못된 정책이나 시의성을 상실한 제도도 나름대로 유용하다는 생각이다. 실패에서 혁신을 배우 듯 보다 나은 정책이나 제도의 밑거름이 될 수 있기 때문이다. 불량품도 모으면 자원이라 하지 않았는가?

혁신을 빛낸 사람들, 혁신스타

요즘 나에게 관세청 혁신을 빛낸 사람들을 꼽아보라고 하는 사람들이 부쩍 많이 늘었다. 아마도 각 부처의 혁신작업에 대한 평가결과가 나오고 관세청이 대외적으로 좋은 평가를 받았기 때문일 것이다. 이런 질문에는 나는 항상 다음과 같이 대답해 왔다.

"관세청 혁신을 빛낸 사람들은 우리청 소속 전 직원입니다. 우리청은 특정 부서나 개인이 중심이 되어 혁신을 추진하지 않았습니다. Bottom-Up 방식의 혁신이 일어나고 있기 때문에 직원 모두가 혁신 스타입니다."

직원 모두가 혁신스타라고 해서 이들 모두 '이달의 관세인'으로 선정하거나 특별승진의 혜택을 줄 수 없는 것이 현실이다. 그렇다고 해서 남들보다 더 열심히 일하고 성과도 좋은 직원에게 적절한 보상이 주어지지 않는다면 어렵사리 조성된 혁신의 불꽃이 사그라질 염려가 있다.

고민 끝에 혁신유공자 5명을 선발하여 특별승진의 혜택을 부여하기로 했다. 7급 승진자가 2명, 6급 승진자가 3명이었다. 특히 관세청에서는 6급으로의 특별승진은 의미하는 바가 크다. 7급에서 6급로 승진하는 데 평균 9.8년이 소요된다. 이는 다른 부처 평균보다 2.2년이 더 긴 기간이다. 6급 직원이면 일선세관에서는 간부급으로 활동한다.

이를 고려하여 6급으로의 특별승진 대상자들은 외부위원들로 하여금 실적평가를 하도록 하여 공정성을 확보했고, 내부직원들의 다면평가도 실시함으로써 혁신성과에 대한 재검증절차를 거치도록 했다.

이들 5명의 직원들은 혁신스타 중의 혁신스타인 셈이다. 2005년은 보다 많은 스타탄생의 한 해가 되기를 기원해 본다.

The government for the Best

05

∶

밖에서 본 관세행정 혁신

초일류세관 추진전략에 대한 평가

2003년 8월 1일 대통령 주재 국정토론회에서 관세청의 초일류세
관 추진전략은 2개 우수 혁신사례 중 하나로 선정되어 직접 발표하
는 기회를 가졌다. 비록 관세행정 혁신과정의 초반기였지만 정부혁
신의 모범사례로 인정을 받은 셈이다. 자긍심은 물론이거니와 이후
로 관세행정의 혁신작업에 커다란 밑거름이 됐음은 물론이다.

초일류세관 추진전략은 2005년까지 3개년에 걸쳐 완료하기로 한
중장기전략이다. 따라서 아직도 현재진행형이다. 나는 제2차년도까
지 추진한 초일류세관 추진과제 중 대표적인 성공과제를 뽑으라면
무엇보다 물류허브 실현을 위한 '수출입 화물처리시간의 단축' 을 든

〈2004년 4월 초일류세관 추진위원회 회의시〉

" 초일류세관추진으로 공항 출입국검사 시스템은 세계적 수준을 능가하는 대성공작입니다. 미국 Standard보다 훨씬 잘 하고 있으며 정말 세계를 돌아다녀 보아도 관세절차가 그렇게 편리한 나라가 제가 다녀 본 국가 중에는 없습니다. 자문을 요청하는 손님들과 대화를 하면서 느낀 것은 우리 한국이 물품 중심국가가 되고 있다는 것입니다. "

Jeffrey D. Jones 암참 명예회장

" 60개국의 공정거래위원장들을 모시는 계기가 있었습니다. 국제공항에서의 신속한 업무처리에 신선하고 좋은 인상을 받았다고 몇 사람이 동시에 멘트하는 것을 들었을 때 저 자신도 자부심과 흐뭇한 감회를 느꼈습니다. "

안충영 대외경제정책연구원장

" 그동안 민간업체에서 볼 때 관세청이나 세관은 매우 껄끄러운 관계를 유지하는 것이 전통이었는데 최근에는 우리가 불편한 것은 이야기하면 경청하려고 한다는 인식이 퍼져 있기 때문에 부산이나 광양에서 우리 선사들끼리 회의를 해 보면 아주 반응이 좋습니다. "

박찬재 한국선주협회 전무

" 대개 정부기관이 추진하는 혁신이라는 것이 내부에서 소모하는 에너지에 비해서 외부에서 느끼는 효과는 상당히 제한적인 것이 그동안의 경험이었는데 공항을 오갈 때의 체감 서비스가 최근에 많이 달라졌다는 것에 공감합니다. 이제 대한민국 관세청은 자체개혁 차원을 넘어서 다른 국가의 모범(Benchmaker)이 될 것으로 봅니다. "

김종석 행정개혁 시민연합 공동대표

> 입항에서 반출까지 화물 통관 소요시간이 지금 7.5일로 줄어들었네요. 그래서 앞으로 금년 말이면 5일 수준으로 가겠다… 지금 이런 얘기지요? 그러니까 이게 사이클 타임을 줄여가겠다는 것 아닙니까? 이 사이클 타임을 줄여 나가는 것이 정부의 업무중에서 프로세스 이노베이션하는 대표적인 사례입니다.
>
> 2004, 7월 제2차 재정경제위원회 회의에서 김효석 의원

다. 제3차년도가 끝나는 2005년 말이 되면 이에 못지않은 중요한 과제가 완성된다. 바로 인터넷 통관 시스템과 싱글윈도우다. 싱글윈도우는 관세청 통관 시스템을 일류에서 초일류 수준으로 끌어올리는 계기가 될 뿐 아니라 전자무역을 촉진하고 우리나라 전자정부수준을 한 층 제고시키는 중요한 역할을 하게 될 것이다.

그동안 추진해왔던 초일류세관 전략에 대하여 외부인사들의 말씀을 모아 보았다. 그분들에게 깊이 감사를 드린다.

혁신활동에 대한 평가

2004년 7월 청와대에서 주관한 부처별 혁신활동 진단에서 관세청은 혁신활동의 성과가 나타나기 시작하는 혁신 4단계로 평가받았다. 이는 2003년 12월의 평가수준과 같은 수준이었다.

1, 2, 3단계에 속한 부처의 입장에서는 부러울 만한 수준이나, 우

리청의 입장에서는 만족할 만한 수준은 아니었다. 이에 만족하지 않고 지속적으로 혁신을 추진한 결과 혁신관리카드 시스템상의 평가에서는 7, 8월 연속해서 49개 중앙부처 중 1위를 차지하고 있는 것으로 나타났다.

마침내 행정자치부가 민간 혁신전문가 40명으로만 혁신관리평가단을 구성하여 2004년 11월부터 2개월간 실시한 혁신활동 평가결과, 관세청은 49개 중앙행정기관 중 최우수기관으로 선정됐고 혁신활동이 체질화 되는 혁신 5단계 수준으로 평가됐다.

평가단은 '전략적 종합혁신능력', '혁신관리역량', '정부혁신과제' 모든 분야에서 혁신을 선도하는 기관으로 인정했으며, 물류혁신 시스템 구축을 통한 통관시간 단축(9일→5일) 등 혁신 인프라와 실행력을 탄탄히 갖추고 있다고 평가의견을 제시하기도 했다.

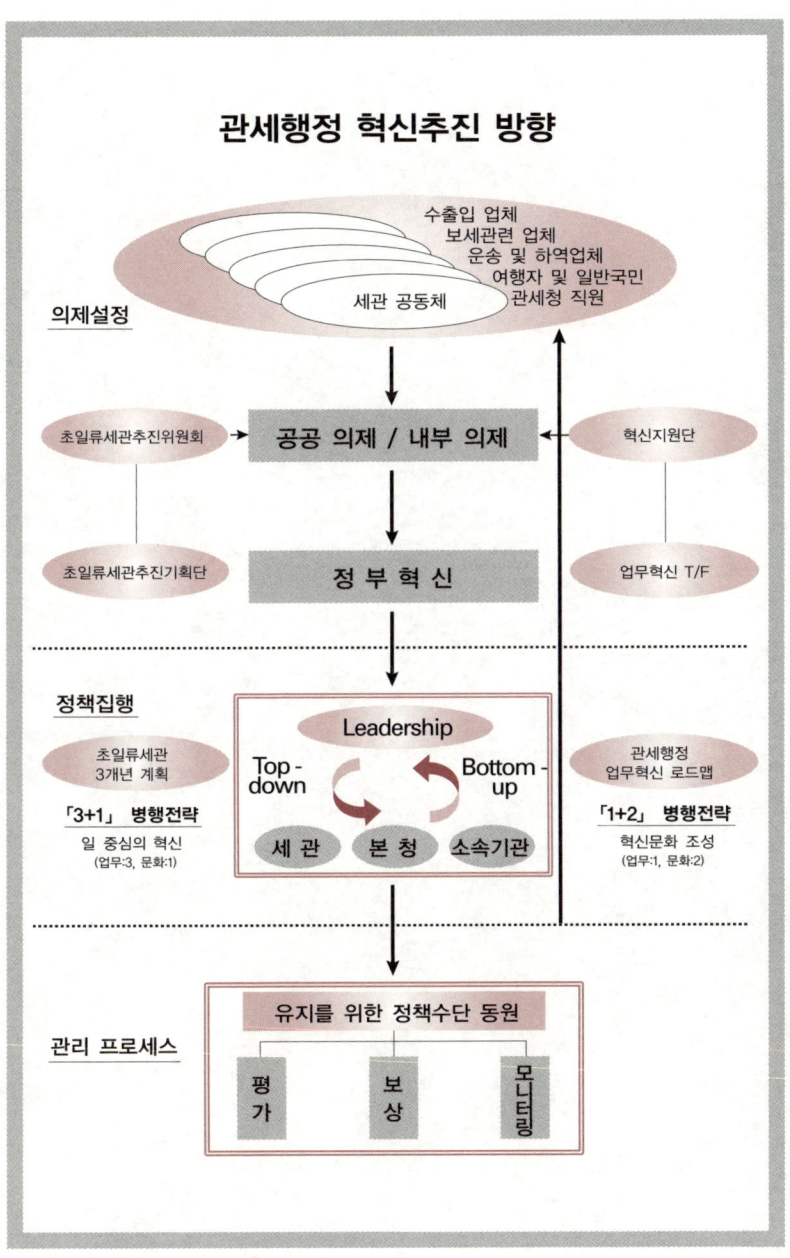

관세행정 혁신추진 방향

수출입 업체
보세관련 업체
운송 및 하역업체
여행자 및 일반국민
관세청 직원

세관 공동체

의제설정

초일류세관추진위원회

공공 의제 / 내부 의제

혁신지원단

초일류세관추진기획단

정 부 혁 신

업무혁신 T/F

정책집행

초일류세관
3개년 계획

「3+1」 **병행전략**
일 중심의 혁신
(업무:3, 문화:1)

Leadership

Top-down

Bottom-up

세 관   본 청   소속기관

관세행정
업무혁신 로드맵

「1+2」 **병행전략**
혁신문화 조성
(업무:1, 문화:2)

관리 프로세스

유지를 위한 정책수단 동원

평가   보상   모니터링

Chapter 5

앞으로 가야 할 길

혁신의 내재화, 자동화

국민감동으로 가는 행정

혁신의 내재화, 자동화

'감성경영'의 길

직원들의 사기는 혁신성공의 열쇠이다. 지난 2년간 모든 관세공무원이 초일류세관의 추진과 관세행정 혁신을 위해 많은 노력을 기울인 결과 보람도 있었으나 피로감도 상당할 것으로 생각된다.

따라서 앞으로는 어떻게 하면 혁신 피로감을 극복하고 자기만족을 느끼며 자연스럽게 혁신을 수행할 수 있는 직장문화를 조성하느냐가 매우 중요하다.

'기관장의 월요메일'로 나의 주변에 일어나는 사소한 일까지 직원들에게 알려주고, 일선직원들이 수행하고 있는 힘든 일을 직접 체험하는 '현장체험의 활성화'를 통하여 나와 직원간 신뢰의 끈을 공고히 하고자 한다.

또한, '관세청 명예의 전당', '부부동반 혁신 워크숍' 등 직원들의 사기를 진작시킬 수 있는 실질적인 프로그램을 새로 도입하여 관세청 공무원으로 근무하는 것을 명예롭게 생각하도록 할 계획이다.

아울러, '혁신125(이리로)운동[11]' 을 알차게 전개하여 불필요한 일을 과감히 버림으로써 조직의 업무부담을 최소화하여 불필요한 일로 인한 스트레스를 받지 않도록 할 계획이다.

인사와 조직에 남은 과제

행정의 효율성을 증진시키고 합목적성을 확보하기 위해서는 합리적인 인력 및 조직 관리가 선행되어야 한다. 인력과 조직은 조직의 미션을 가장 효율적으로 달성하는 방향에 부합하도록 관리되어야 한다.

불필요한 조직은 과감히 폐지 또는 축소하고 업무량 분석으로 적정한 조직규모를 유지하도록 하는 한편 왜곡되거나 불필요한 기능은 무엇이며 추가적으로 필요한 기능은 무엇인지에 대한 진단이 정확히 이루어져야 한다.

----

11) 혁신 125운동은 6급이하, 4·5급, 국·과장 등 3개 부류 직급(위)에서 각각 5가지씩 버려야 할 업무를 찾자는 운동으로 125는 5×5×5를 의미한다.

우리 관세행정은 국민에게 가장 고급화된 서비스를 제공할 수 있어야 하는데, 그러기 위해서는 먼저 내부고객인 직원들의 만족도를 제고하고 그들의 역량을 키워나가야 한다. 관세청은 2004년부터 변화진단관리팀을 두고 관세청조직전반에 걸친 업무프로세스 개선 작업을 진행시켜 왔고 2005년 1월에는 '통합인적자원관리로드맵'을 마련하고 있다.

이를 통해 관세행정조직을 수요자 요구에 부응하는 조직으로 탈바꿈시키고 연차별로 직위공모제와 인사추천제의 범위를 확대하는 등 공정·투명하고 예측 가능한 인사 시스템과 교육·훈련 시스템을 구축해 나갈 것이다. 아울러 현재의 기관평가제도를 발전시켜 기관, 부서 개인 평가를 통합적으로 실시할 수 있는 '통합성과 평가 시스템'도 구축하고 있다. 통합성과 평가 시스템과 통합인적자원관리로드맵이 완성되면 '일한만큼 평가받고 보상받는' 초일류 정부조직으로 거듭나게 될 것이다. 이는 우리청이 5단계 혁신 선도조직으로 계속 나아가기 위한 기본 인트라이기도 하다.

지식점프형 학습조직

학습은 혁신의 텃밭이요 공장이다. 조직 구성원들은 학습의 과정을 통해 혁신에 대한 아이디어와 방법, 그리고 혁신성과의 활용 등을 익힌다. 학습이야 말로 혁신을 가능하게 하는 기본적인 과정이다.

'학습 없이 혁신 없다'고 했듯이 학습이 없는 조직은 혁신이 없는 조직이라고 해도 과언이 아니다.

따라서 2005년부터는 다양한 형태의 학습 프로그램을 도입하여 운영함으로써 학습이 하나의 조직 문화로 정착되도록 하고자 한다. 연구모임(COP; Community of Practice)을 활성화하고 혁신우수사례에 대한 발표의 장을 마련하는 등 지식수준의 향상과 지식공유를 통한 지식점프를 시도할 것이다.

또한 조직에서 업무의 연결고리요 허리에 해당하는 그룹인 4~5급 중간관리자의 혁신능력을 극대화할 것이다. '혁신촉진자'라고 명명한 이들을 민간교육기관에 위탁하여 기업의 경영전략과 기법에 대하여 학습할 수 있는 기회를 부여하려고 한다. 이들의 혁신능력을 향상시켜 위 아래의 양방향으로 신속히 전파되는 소위 'Middle up down 방식'의 혁신을 시도하고자 한다. 특정 그룹이나 계층에 편중된 지식이 아니라 조직전반에서 활용되고 살아 움직이는 지식이 될 수 있도록 함은 물론 혁신에 대한 조직전반의 공감대를 형성하도록 시도할 것이다.

국민감동으로 가는 행정

서비스 스탠더드

수요자 중심의 관세행정을 지향한다는 이야기는 오래 전부터 해 왔지만 사실 우리의 서비스 수준에 대한 스스로의 평가와 기준에 대한 연구와 분석은 이루어지지 않았다. 외부적 평가에 의존하고 그 평가를 기준으로 서비스 향상의 필요성을 역설하는 과정의 반복 이었다.

나는 우리가 수행하는 서비스, 적어도 핵심적인 서비스에 대하여 는 국민이 감동할 수 있는 수준을 설정하고 그 목표에 근접하기 위한 구체적인 틀이 있어야 된다고 생각한다. 이런 이유로 2005년부터 '국민만족 기준선(Baseline)'을 만들어 우리 스스로 국민이 만족하는 수준의 서비스를 제공할 수 있는 노력을 하고 또 그 서비스 실현 수준에 대한 스스로의 평가 시스템을 마련하고자 한다.

또한 '서비스 스탠더드'에 대한 수요자 만족도를 정기적으로 측정하여 그 결과를 인터넷 홈페이지 등에 공개함으로써 서비스 실천 내용에 대한 책임성을 강화하고자 한다. 그리고 기관별 행정서비스에 대한 대외기관의 인증을 추진하여 관세행정 서비스의 객관적인 품질 향상을 도모할 계획이다.

정책품질 높이기

행정에 있어 정책수립은 제1단계 과정에 해당된다. 이 정책수립이 기관목표에 부합되지 않으면 행정전반이 왜곡될 수 있다. 첫 단추를 잘못 꿰면 나머지 단추는 모두 잘못 꿰어지고 마는 이치와 같은 것이다.

초일류세관 추진 프로젝트 마지막 해인 2005년에는 고품질의 정책을 개발하고 이를 철저히 관리하는 데 힘을 쏟을 예정이다. 고객의 불편을 해소하는 소극적인 수준에 머물지 않고 고객을 감동시킬 수 있도록 정책을 수립하고 시행하도록 하겠다.

그러기 위해서는 어떤 정책을 시행할 경우 그 정책의 구상부터 확정, 그리고 그 이후 운용까지 전체 정책 프로세스를 관리할 수 있는 시스템을 만들 것이다. 그럴싸한 포장으로 정책을 홍보하고 막상 실행단계에서는 용두사미형으로 지지부진한 정책들이 얼마나 많은가? 그리고 시행과정에서 당초 계획된 정책목표에 부합하지 않는 방향으로 수정되거나 변질되는 경우도 허다하다. 이러한 사태가 발생하지 않도록 정책수립 단계에서부터 모든 이해관계자를 참여시키고, 정책 수요자인 민원인과 주민에 대한 홍보대책도 철저히 병행검토하여 정책불량품이 발생되지 않도록 해나가겠다. 우리청에 적합한 '정책품질관리매뉴얼'을 만들어 우리청의 정책 목표에 부합하도록 철저히 관리할 것이다.

기억에 남는 것들

이제 이 글을 마감할 시간이 됐다. 지난 2년을 뒤돌아보면 새삼 우리 관세청이 참으로 많은 일을 해냈구나 하는 생각이 든다. 그 가운데 특히 기억에 남고 관세행정에 의미 깊은 혁신으로 새겨질만한 몇 가지를 짚어보고자 한다.

초일류세관 추진에서 특히 기억에 남는 것은 무엇보다도 수입화물의 처리시간을 입항에서 반출까지 9.6일에서 세계물류중심지 수준인 5일대로 단축했다는 것과, 여행자휴대품통관시간도 평균 40분대에서 25분대로 단축했다는 점이다. 항만으로 들어와서 공항으로 이동하여 비행기로 환적되어 제3국으로 나가는 화물의 처리절차를 6단계에서 2단계로 대폭 단축한 'Sea & Air 공항만 일괄환적 시스템'이 확립된 것도 동북아 물류중심화와 관련하여 의미 깊은 것이다.

기업하기 좋은 납세환경조성을 위해 성실업체에 대하여 '월별세금납부제'를 도입하여 시행하고, 세관 직접세무조사방식을 '업체자율심사제'로 바꾼 것은 민간자율을 존중하는 관세행정 선진화에 한 초석이 될 것이다. 업체가 신고 납부한 세금을 3개월 내 수정 신고할 수 있는 '세액보정제도'를 도입하여 업체가 불필요한 가산세를 내지 않도록 한 것도 무역하는 기업에게는 큰 부담을 덜어 준 것이다.

밀수방지를 위한 항만 감시체계를 초현대화 한 것은 테러위협 등에 대비한 안보감시가 대폭 강화됐다는 점에서 큰 의미가 있다. 인력에 의존한 재래식 고정감시 시스템을 고성능 CCTV와 감시정보를 연계하는 최첨단 공항만 '감시종합 정보 시스템'으로 바꾼 것이다.

또한 비행기나 선박이 도착하기 전에 미리 여행자정보를 사전에 입수하여 우범여행자 위주로 검색하고 나머지 선량한 여행자는 검사 없이 통관시키는 '여행자정보사전정보제도(APIS)'를 정착시켰다. 나아가서 항만감시와 해상범죄의 효율적 단속을 위하여 해양경찰청 및 지방해양청과 세관 간에 항만·해상범죄 공동대처 및 감시공조를 위한 양해각서(MOU)를 체결한 것은 정부기관간 공조의 훌륭한 사례가 될 것이다.

하루가 다르게 발전하는 정보통신 기술을 행정에 적극 활용한 점은 21세기의 급변하는 행정환경 변화에 대한 대응으로서 기록될 것이다. 기존의 전용전산망(EDI)에 의한 수출입 통관 시스템에 추가하여 인터넷 시대에 맞게 직장이나 가정에서도 인터넷으로 통관업무를 볼 수 있도록 '인터넷 수출입 통관 시스템'을 구축한 것이다. 세관에 한번의 전자신고를 하는 것으로 농림부, 산업자원부, 보건복지부 등 관련되는 모든 부처의 수출입요건 사전확인 업무를 일괄 처리하는 'One-Stop 단일통관창구(Single Window)'도 추진 중에 있으므로 머지 않아 좋은 결과가 있을 것이다.

관세행정 운영 효율화를 위한 내부혁신(3S)운동은 우리 행정에 기업경영방식을 도입한 것으로서 이 또한 좋은 평가를 받고 있다. 전자결재확대, 노트북회의, 회의총량제, 회의시간 사전예고제를 도입하고, 관세행정 단위업무별 101개 업무처리 매뉴얼을 작성하여 업무의 단순화ㆍ표준화(Slim화)를 추진한 결과이다.

기업경영방식 도입은 행정서비스 개선에서도 적용됐다. 서비스 질을 향상시키기 위하여 20개 관세행정 분야별 706명의 전문요원제도를 정착시켰고, 이들에 대해 별도의 보직관리를 하고 내부전산망(인트라 넷)에 토론방을 개설하여 정보교환을 하도록 하는 등 전문화(Specialization)를 추진하고 있다. 세관공무원 행동강령 제정, 자원봉사세관원제도 도입, 관세행정 분야별 서비스목표치 제시 등은 참여하는 행정, 봉사하는 행정(Service-Oriented)을 구현하기 위한 것이다.

현재 관세청은 90대 '관세행정 업무혁신 로드 맵'을 마련하여 체계적인 업무혁신을 추진하고 있다. 본부와 일선세관에 총 40개팀 353명의 혁신 태스크 포스 팀을 구성하여 운영 중이다. 간부, 혁신담당관, 전문요원 연찬회 등 다양한 그룹의 워크숍을 통하여 혁신의지와 마인드를 확산시키고 있으며, '단기 성공과제', '100일 성공과제', '관세행정 불량품 콘테스트'를 통하여 혁신에 대한 자신감을 배양하고 동시에 정책품질관리를 도입하고 있다.

그 외에도 고객감동 실현을 위한 서비스 고급화, 수요자가 참여하는 정책운용 시스템 구축 등 다양한 혁신방안을 실행에 옮기고 있다. 또한 유연한 혁신조직문화 구축과 '혁신마일리지제도' 도입을 통한 체계적 혁신성과 평가와 인센티브 부여에도 노력하고 있다.

초일류세관 추진의 성공요인

그렇다면 초일류세관 추진이란 관세행정 혁신의 성공요인은 무엇인가? 다음 다섯 가지 정도로 요약될 수 있다고 본다.

첫째는 뚜렷한 목표, 즉 비전을 제시했다는 점이다. 이것은 특히 물류개선에서 분명하게 드러난다. 보통 개혁, 쇄신하면 지금하고 있는 일을 뭔가 바꾸어야 한다는 것은 잘 안다. 그러나 구체적인 목표가 무엇인지는 확실히 주어지지 않는 경우가 많다. 그러나 초일류세관 추진에서는 세계적 물류중심지인 네덜란드, 싱가포르, 홍콩과 같은 행정서비스 수준 달성이라는 분명한 목표를 제시함으로써 조직구성원들이 뚜렷한 비전을 가지고 추진할 수 있었다는 점이다.

둘째는 구체적인 정책목표와 실행에 옮길 과제는 현장 실무자와 외부고객이 직접 참여하여 함께 만들었다는 점이다. 현장실무자는 세관의 기능직을 포함한 창구직원과 간부들까지 광범위 하게 참여하였고, 외부고객은 무역업체, 물류업체, 관세사 등이 수많은 협의과정에 참여했다. 특히 초일류세관추진위원회에는 관세행정의 주요고객인 무역협회, 중소기업협동조합중앙회, 주한외국상공회의소, 시민단체대표, 언론계, 한국선주협회, 관세사회, 한국관세협회, 무역학회 등 다양한 이해관계자들이 망라됐고, 이들의 견해는 과제선정과 추진과정에서 최대한 존중됐다. 아울러 과제선정에는 외국의 선진사례도 벤치마킹하여 참고함으로써 실현가능성을 높였다.

셋째는 가능한 한 계량화 할 수 있는 목표치를 제시하고 지속적으로 중간 점검하였으며, 성과에 따른 보상을 철저히 했다는 점이다. 예를들어 화물처리시간과 여행객통관시간 등은 구체적으로 목표시간을 제시하고 이를 월별로 체크하였으며, 추진과정에 문제가 발생할 때에는 즉시 해결을 시도했다. 각종 추진과제는 업무보고, 혁신점검회의, 현장점검 등을 통해 그 이행상황을 반복하여 확인했다. 이와 같은 확인결과 과제 추진을 우수하게 한 직원에게는 특별승진, 영전, 해외연수기회를 제공하였으며, '이달의 관세인' 선정과 포상금지급 등 다양한 인센티브를 부여했다. 물론 조직단위의 인센티브 부여도 병행됐다.

넷째, 이해관계자의 참여와 협조를 얻기 위한 다각적인 노력이 주효했다는 점이다. 초일류세관 추진 초기에는 내부직원들로부터의 무관심과 냉소를 극복하는데 비중을 두었고, 어느 정도 인식이 확산된 다음부터는 과제 추진의 효과를 높이는 데 비중을 두고 여러 차례의 연찬회와 토론회를 개최했다. 또한 전문요원, 주니어보드, 연구모임 등 비공식조직의 활동도 적극 지원했다. 외부 이해관계자의 협조는 초일류세관추진성과를 신문, 방송, TV 등 다양한 매체를 통하여 홍보하는 것과 무역협회, 관세사회, 보세창고협회 등 고객과도 합동 연찬회, 업무설명회 등을 개최하는 것으로 협조와 인식의 폭을 넓혀 나갔다.

마지막으로, 과제 추진에서 달성된 혁신사항의 제도화이다. 일단 혁신이 이루어진 것은 다시 원래대로 후퇴하지 않고 지속되도록 법령이나 규칙의 제정 또는 개정을 통하여 뒷받침했다. 업무처리 절차나 방법의 개선은 매뉴얼을 작성하여 활용하도록 하여 인사이동으로 담당자가 바뀌더라도 계속될 수 있도록 했다. 업무처리 절차가 개선되더라도 관리자의 관심이 소홀해 지거나 담당자가 바뀌게 되면 종전으로 되돌아가는 경우가 흔한데 이러한 점을 차단하도록 한 것이다.

더 나은 미래를 향해

초일류세관과 각종혁신 업무 추진의 성과를 바탕으로 우리 관세청은 2004년 들어 처음 실시한 정부혁신평가에서 영예의 최우수기관으로 선정됐다. 국제적인 평가도 크게 향상됐다. 국제항공운송협회(IATA)가 매년 실시하는 인천공항의 세관서비스 수준 평가는 2003년 17위에서 2004년에는 3위로 뛰어오른 것이다. 이미 2003년도 각종 정부업무평가에서도 관세청은 7개 부문에서 최우수 또는 우수기관으로 선정되어 표창을 받은 바 있다. 이와같은 괄목할만한 성과는 1970년 관세청 개청 이래 처음 있는 일이다.

이와 같은 성과는 우리 4,200여 관세청 직원들의 공동의 작품이다. 초일류세관의 꿈을 실현시키기 위하여 1년 365일 불철주야 전국 공항만의 관세선에서, 밀수의 현장에서, 거친 파도와 싸우는 감시정 위에서, 그리고 일선세관의 초소에서 묵묵히 일해 준 우리 직원들의 공이다. 특히 초일류 세관을 위한 혁신과제를 발굴하고 이를 열심히 추진해 준 관세청 차장 이하 간부와 초일류세관추진기획단 그리고 일선세관 T/F팀에게 진심으로 감사를 드린다. 초일류세관을 위한 혁신을 추진하면서 너무 고생들이 많았고 어려움도 컸음을 잘 알고 있다.

또한 그간 5차례의 회의를 통하여 초일류세관의 틀을 잡아주고, 전문적인 자문과 지도를 아끼지 않아주신 초일류세관추진위원회 위원들의 노고에 참으로 힘입은 바 크다. 산업계, 학계 및 시민단체에서 참여해주신 이분들이 바로 집행기관에 불과한 관세청이 이처럼 커다란 프로젝트를 성공적으로 추진할 수 있도록 용기를 북돋아주고 힘이 되어 주었다. 이분들에게도 깊이 감사드린다.

이제 초일류세관추진 3차 년도를 맞았다. 이제는 그간의 노력에 대한 성과도 가시화되고 있고, 좋은 평가도 받고 있다. 그리고 혁신 활동이 넓게 확산됐다. 앞으로는 이와 같은 혁신활동이 확실하게 뿌리를 내리고 일상화할 수 있도록 평가와 보상 시스템을 확고히 하는 것이 중요하다. 이를 위해 현재 공정하고 수용성이 높은 성과평가 시스템을 구축하고 있는 중이다. 또한 이러한 평가를 인사와 각종 보수, 포상금 등에 적극 반영하는 인사혁신 시스템을 금년 내에 수립하여 시행할 계획이다.

그러나 가장 중요한 것은 우리 직원들이 이와 같은 초일류세관 혁신추진 과정에서 피로감에 빠지지 않도록 하는 것이다. 보다 긴 호흡을 가지고 지나치게 서두르지 않으면서, 타의에 의해서가 아니라 자발적으로 혁신을 해 나가도록 하는 것이다. 즉 일상적인 일을 해나가는 과정에서 자연스럽게 혁신의 고삐를 늦추지 않고 나아가도록 하는 것, 이것이 앞으로의 과제가 될 것이다.

정부의 초일류화

이젠 꿈이 아니다

······································

펴낸날 2005년 2월 25일 초판 1쇄

지은이 김용덕
펴낸이 김석규
펴낸곳 매경출판(주)
등 록 2003년 4월 24일(No. 2-3759)
주 소 우)100-728 서울 중구 필동1가 30번지 매경미디어센터 3F
전 화 02)2000-2610~2, 2632~3(기획팀) 02)2000-2645(영업팀)
팩 스 02)2000-2609
이메일 publish@mk.co.kr

······································

ISBN 89-7442-324-3

값 14,000원